Luisa Aglini - Daniela Alessandroni - Roberta Rondoni

IL CELI 2
dell'Università per Stranieri di Perugia

**CERTIFICATO DI CONOSCENZA
DELLA LINGUA ITALIANA - ITALIANO GENERALE**

Livello B1

Codice di sblocco
02C-EC9-7C5-ECC

 IL LIBRO IN DIGITALE
Questo corso è distribuito sulla piattaforma myLIM per computer e tablet.

❶ **REGISTRATI SU IMPAROSULWEB**
Vai sul sito *imparosulweb.eu* e registrati scegliendo il tuo profilo. Completa l'attivazione cliccando il link contenuto nell'e-mail di conferma. Al termine della procedura sarai indirizzato nella tua area personale.

❷ **SBLOCCA IL VOLUME**
Usa il **codice di sblocco** che trovi stampato su questo libro per sbloccarlo su Imparosulweb e per accedere anche alle espansioni online associate.

❸ **SCARICA L'APPLICAZIONE MYLIM**
Clicca sul pulsante **Libro digitale** e segui le istruzioni per scaricare e installare l'applicazione.

❹ **SCARICA IL LIBRO ATTIVATO**
Entra nella libreria di myLIM facendo login con il tuo account Imparosulweb e clicca sulla copertina del libro attivato per scaricarlo. Sfoglia le pagine e i pulsanti ti guideranno alla scoperta delle risorse multimediali collegate.

© Loescher Editore - Torino 2021
www.loescher.it

I diritti di elaborazione in qualsiasi forma o opera, di memorizzazione anche digitale su supporti di qualsiasi tipo (inclusi magnetici e ottici), di riproduzione e di adattamento totale o parziale con qualsiasi mezzo (compresi i microfilm e le copie fotostatiche), i diritti di noleggio, di prestito e di traduzione sono riservati per tutti i paesi. L'acquisto della presente copia dell'opera non implica il trasferimento dei suddetti diritti né li esaurisce.

Le fotocopie per uso personale del lettore possono essere effettuate nei limiti del 15% di ciascun volume dietro pagamento alla SIAE del compenso previsto dall'art. 68, commi 4 e 5, della legge 22 aprile 1941 n. 633.

Le fotocopie effettuate per finalità di carattere professionale, economico o commerciale o comunque per uso diverso da quello personale possono essere effettuate a seguito di specifica autorizzazione rilasciata da:

CLEARedi, Centro Licenze e Autorizzazioni per le Riproduzioni Editoriali, Corso di Porta Romana 108, 20122 Milano

e-mail *autorizzazioni@clearedi.org* e sito web *www.clearedi.org*.

L'editore, per quanto di propria spettanza, considera rare le opere fuori dal proprio catalogo editoriale. La fotocopia dei soli esemplari esistenti nelle biblioteche di tali opere è consentita, non essendo concorrenziale all'opera. Non possono considerarsi rare le opere di cui esiste, nel catalogo dell'editore, una successiva edizione, le opere presenti in cataloghi di altri editori o le opere antologiche.

Nel contratto di cessione è esclusa, per biblioteche, istituti di istruzione, musei ed archivi, la facoltà di cui all'art. 71 - ter legge diritto d'autore.

Maggiori informazioni sul nostro sito: *www.loescher.it*

Ristampe

6	5	4	3	2	1	N
2027	2026	2025	2024	2023	2022	2021

ISBN 9788858341209

In alcune immagini di questo volume potrebbero essere visibili i nomi di prodotti commerciali e dei relativi marchi delle case produttrici. La presenza di tali illustrazioni risponde a un'esigenza didattica e non è, in nessun caso, da interpretarsi come una scelta di merito della Casa editrice né, tantomeno, come un invito al consumo di determinati prodotti. I marchi registrati in copertina sono segni distintivi registrati, anche quando non sono seguiti dal simbolo ®.

Nonostante la passione e la competenza delle persone coinvolte nella realizzazione di quest'opera, è possibile che in essa siano riscontrabili errori o imprecisioni. Ce ne scusiamo fin d'ora con i lettori e ringraziamo coloro che, contribuendo al miglioramento dell'opera stessa, vorranno segnalarceli al seguente indirizzo:

Loescher Editore
Sede operativa - Via Vittorio Amedeo II, 18
10121 Torino - Fax 011 5654200 - clienti@loescher.it

Loescher Editore Divisione di Zanichelli editore S.p.a. opera con Sistema Qualità certificato secondo la norma UNI EN ISO 9001. Per i riferimenti consultare www.loescher.it

Referenze fotografiche:

(ove non diversamente indicato, le referenze sono indicate dall'alto verso il basso, da sinistra a destra, in senso orario. a=alto; b=basso; c=centro; dx=destra; s=sinistra)

icona ricorrente: ©Jane Kelly/Shutterstock; p. 35: ©AN Photographer2463/Shutterstock; p. 36: ©G-Stock Studio/Shutterstock; pp. 37, 69, 101, 133: ©bokica/depositphotos; pp. 55, 87, 119, 151: © galaira/Shutterstock; p. 56: ©tsyhun/Shutterstock; p. 57: ©Remark_Anna/Shutterstock; pp. 65, 97, 129, 161: ©Zoart Studio/Shutterstock; p. 88: ©ESB Professional/Shutterstock; p. 89: ©Nestor Rizhniak/Shutterstock; p. 120: ©Yuliya Evstratenko/Shutterstock; p. 121: ©Helen89/Shutterstock; p. 152: ©oneinchpunch/Shutterstock; p. 153: ©Jacob Lund/Shutterstock.

Coordinamento editoriale: Chiara Romerio, Elga Mugellini
Coordinamento redazionale e redazione: Edizioni La Linea - Bologna
Progetto grafico: Edizioni La Linea - Bologna
Impaginazione: Angela Ragni
Ricerca iconografica: Edizioni La Linea - Bologna
Fotolito: Walter Bassani - Bascapè (PV)
Stampa: Vincenzo Bona S.p.A. - Strada Settimo, 370/30 - 10156 Torino

INDICE

Presentazione 5
Che cosa sono i CELI dell'Università per Stranieri di Perugia? 6
Chi è il candidato del CELI 2 - Livello B1? 7
Quali sono le abilità/competenze richieste ai candidati nelle singole prove del CELI 2 - Livello B1? 8
Qual è la struttura dell'esame? 9

Descrizione delle prove d'esame CELI 2 - Livello B1 10
Valutazione delle prove d'esame 11
Criteri di valutazione e punteggi 12
Calcolo del punteggio 13
Espressione del risultato 14
Sistema di capitalizzazione 14
Informazioni utili per il candidato 15

Guida per lo svolgimento delle prove d'esame del CELI 2 - Livello B1 17
Parte A Prova di Comprensione della Lettura 17
Parte B Prova di Produzione di Testi Scritti 23
Parte C Prova di Comprensione dell'Ascolto 29
Prova di Produzione Orale 34

PRIMO ESAME
Prova scritta
1° Fascicolo
   Parte A Prova di Comprensione della Lettura ... 40
   Parte B Prova di Produzione di Testi Scritti ... 47
2° Fascicolo
   Parte C Prova di Comprensione dell'Ascolto ... 50
Prova di Produzione Orale
   Foto da descrivere 56
   Compito comunicativo 57
Fogli delle Risposte 60
Chiavi di Risposta 66
Trascrizione dei Testi della Prova di Comprensione dell'Ascolto 67

SECONDO ESAME
Prova scritta
1° Fascicolo
   Parte A Prova di Comprensione della Lettura ... 72
   Parte B Prova di Produzione di Testi Scritti ... 79

2° Fascicolo
   Parte C Prova di Comprensione dell'Ascolto ... 82
Prova di Produzione Orale
   Foto da descrivere 88
   Compito comunicativo 89
Fogli delle Risposte 92
Chiavi di Risposta 98
Trascrizione dei Testi della Prova di Comprensione dell'Ascolto 99

TERZO ESAME
Prova scritta
1° Fascicolo
   Parte A Prova di Comprensione della Lettura ... 104
   Parte B Prova di Produzione di Testi Scritti ... 111
2° Fascicolo
   Parte C Prova di Comprensione dell'Ascolto ... 114
Prova di Produzione Orale
   Foto da descrivere 120
   Compito comunicativo 121
Fogli delle Risposte 124
Chiavi di Risposta 130
Trascrizione dei Testi della Prova di Comprensione dell'Ascolto 131

QUARTO ESAME
Prova scritta
1° Fascicolo
   Parte A Prova di Comprensione della Lettura ... 136
   Parte B Prova di Produzione di Testi Scritti ... 143
2° Fascicolo
   Parte C Prova di Comprensione dell'Ascolto ... 146
Prova di Produzione Orale
   Foto da descrivere 152
   Compito comunicativo 153
Fogli delle Risposte 156
Chiavi di Risposta 162
Trascrizione dei Testi della Prova di Comprensione dell'Ascolto 163

PRESENTAZIONE

Il presente volume, **IL CELI 2 dell'Università per Stranieri di Perugia, Livello B1, Italiano Generale**, fa parte di una collana di testi che propongono prove d'esame di certificazione linguistica **CELI** (Certificati di Lingua Italiana) per tutti i livelli del Quadro Comune Europeo di Riferimento, da A1 a C2, destinati a un pubblico generico.

Questo volume presenta 4 prove d'esame inedite, complete e fedeli nella struttura, nei generi testuali e nei contenuti a quelle somministrate per la prova d'esame del **CELI 2 - Livello B1** dall'Università per Stranieri di Perugia. Tali prove d'esame sono state elaborate dalle stesse autrici degli esami **CELI**.

Il CELI 2 dell'Università per Stranieri di Perugia, Livello B1, Italiano Generale è un valido strumento per i candidati che vogliono familiarizzare con il formato dell'esame e verificare l'adeguatezza delle proprie abilità linguistiche rispetto al livello testato.

Le autrici, insegnanti di lingua italiana L2 ed esperte di *testing* linguistico, svolgono la loro attività professionale presso l'Università per Stranieri di Perugia, nei corsi di lingua e al **CVCL** (**C**entro per la **V**alutazione e le **C**ertificazioni **L**inguistiche), il centro che elabora e somministra gli esami per il rilascio dei certificati linguistici **CELI**.

PRESENTAZIONE

Che cosa sono i CELI dell'Università per Stranieri di Perugia?

Gli esami di certificazione linguistica **CELI** attestano la capacità d'uso dell'Italiano come Lingua Seconda (L2) e come Lingua Straniera (LS) a diversi livelli di competenza e per diversi contesti d'uso. Vengono somministrati sia presso l'Università per Stranieri di Perugia, sia presso le sedi convenzionate con il **CVCL**, in Italia e all'estero.

I certificati rilasciati a seguito del superamento degli esami **CELI** sono comparabili a quelli rilasciati dalle più importanti istituzioni europee e rimandano agli obiettivi di apprendimento e ai livelli (A1-C2) del **Quadro Comune Europeo di Riferimento per le lingue: apprendimento, insegnamento, valutazione (QCER)**[1] e del **QCER Volume complementare**[2] del Consiglio d'Europa.

Gli esami CELI per l'italiano generale, **destinati a un pubblico generico**, si articolano sui sei livelli di competenza linguistica del QCER:

- **CELI Impatto - Livello A1**
- **CELI 1 - Livello A2**
- **CELI 2 - Livello B1**
- **CELI 3 - Livello B2**
- **CELI 4 - Livello C1**
- **CELI 5 - Livello C2**

Il **CVCL**, oltre ai suddetti esami per utenza generica, produce e somministra anche altre tipologie di esami per utenze specifiche:

- **CELI a (per adolescenti)** articolati su tre livelli: A2-B1-B2, destinati a utenti di età compresa tra i 12 e i 18 anni e aventi la stessa spendibilità dei CELI per l'utenza generica;
- **CELI i (per immigrati)** articolati su tre livelli: A1-A2-B1, somministrati solo in Italia e destinati a utenti immigrati stanziali in Italia per agevolarne il processo di integrazione consentendo loro di adempiere agli obblighi di legge previsti in tema di requisiti linguistici;
- **CELI MPT (per sinofoni)** articolati su due livelli: B1-B2, destinati a utenti cinesi partecipanti al programma Marco Polo/Turandot;
- **DILS-PG (certificati glottodidattici per insegnanti di italiano L2 e LS)** articolati su due livelli: DILS-PG 1° Livello e DILS-PG 2° Livello.

Tutte le informazioni riguardanti gli esami **CELI** sono disponibili sul sito dell'Università per Stranieri di Perugia: www.unistrapg.it sotto la voce Certificazioni linguistiche e glottodidattiche.

L'Università per Stranieri di Perugia è riconosciuta dal **MAECI** (**M**inistero degli **A**ffari **E**steri e della **C**ooperazione **I**nternazionale) come uno degli enti ufficiali di certificazione linguistica per la lingua italiana. Inoltre, l'Università per Stranieri di Perugia fa parte della **CLIQ** (**C**ertificazione **L**ingua **I**taliana di **Q**ualità), consorzio nato nel 2013 per volontà del MAECI.

---

[1] *Quadro Comune Europeo di Riferimento per le Lingue: apprendimento, insegnamento, valutazione*, La Nuova Italia, Oxford, Milano 2002.

[2] *QCER Volume complementare*, link: https://riviste.unimi.it/index.php/promoitals/article/view/15120/13999

PRESENTAZIONE

I certificati linguistici rilasciati a seguito del superamento degli esami CELI **sono spendibili per scopi accademici, lavorativi e sociali.**
Il Ministero dell'Interno riconosce il CELI 2 - Livello B1, il CELI 2 a - Livello B1 e il CELI 2 i - Livello B1 come titoli linguistici validi ai fini dell'ottenimento della cittadinanza italiana.

Il **MIUR** (**M**inistero dell'**I**struzione, dell'**U**niversità e della **R**icerca) riconosce il **CELI 3 - Livello B2** come attestazione di conoscenza della lingua italiana valida ai fini dell'iscrizione all'Università in Italia nel contingente che ciascun ateneo destina agli iscritti non italofoni. Nel medesimo ambito accademico, il **CELI 4 - Livello C1** e il **CELI 5 - Livello C2** sono invece validi per attestare la conoscenza della lingua italiana a parità di condizioni con gli iscritti italofoni.

Gli esami CELI hanno ottenuto **il bollino di qualità (Q Mark)** rilasciato dall'**ALTE** (*Association of Language Testers in Europe*), di cui l'Università per Stranieri di Perugia è socio fondatore e membro effettivo.
Il bollino di qualità si ottiene a seguito del superamento di procedure di *audit* in cui viene verificato il rispetto dei 17 standard minimi di qualità stabiliti nel Codice professionale e nel Codice etico dell'ALTE.

Chi è il candidato del CELI 2 - Livello B1?

Gli esami **CELI** fanno riferimento agli obiettivi di apprendimento specificati attraverso i descrittori dei sei livelli del Quadro Comune Europeo di Riferimento.

La descrizione prototipica dell'utente B1 (tratta dalla Scala Globale dei livelli del QCER[3]) è la seguente:

B1 Livello intermedio	È in grado di comprendere i punti essenziali di messaggi chiari in lingua standard su argomenti familiari che affronta normalmente al lavoro, a scuola, nel tempo libero ecc. Se la cava in molte situazioni che si possono presentare viaggiando in una regione dove si parla la lingua in questione. Sa produrre testi semplici e coerenti su argomenti che gli siano familiari o siano di suo interesse. È in grado di descrivere esperienze e avvenimenti, sogni, speranze, ambizioni, di esporre brevemente ragioni e dare spiegazioni su opinioni e progetti.

---

[3] *QCER*, p. 32.

PRESENTAZIONE

Quali sono le abilità/competenze richieste ai candidati nelle singole prove del CELI 2 - Livello B1?

CELI 2 - Livello B1: descrizione delle competenze richieste[4]

▶ **Prova di Comprensione della Lettura**

Il candidato deve essere in grado di comprendere brevi testi scritti quali avvisi pubblici, messaggi promozionali, inserzioni, storie, notizie, annunci, istruzioni, menu di ristoranti, ricette e avvisi di pagamento.
Tali testi devono essere lessicalmente non tecnici e con struttura di tipo coordinativo e subordinativo più ricorrente. Il candidato deve essere in grado di coglierne il messaggio fondamentale e di trarne informazioni specifiche.
Deve essere inoltre in grado di comprendere la funzione semantica e grammaticale delle parole, completando, laddove richiesto, frasi e testi.
Dovrà a tal fine possedere un'adeguata conoscenza della morfologia non verbale (pronomi combinati, particelle pronominali *ci* e *ne*; concordanza del participio passato; pronomi relativi, indefiniti, pronomi "doppi"; numerali; gradi dell'aggettivo; formazione degli avverbi; interiezioni; congiunzioni coordinative e subordinative d'uso più ricorrente; preposizioni semplici e articolate nei rapporti sintattici più ricorrenti).

▶ **Prova di Produzione di Testi Scritti**

Il candidato deve essere in grado di compilare formulari di uso ricorrente, di scrivere lettere a parenti e amici, brevi cronache, biglietti informali, messaggi, semplici annunci e inserzioni, inseriti in contesti di vita quotidiana, riferiti a eventi ricorrenti, finalizzati ad esprimere funzioni proprie della vita quotidiana. L'uso della lingua deve essere in larga misura prevedibile.
Il candidato deve inoltre poter narrare al presente, al passato e al futuro, dimostrando di sapersi orientare nell'uso dei tempi presente, passato prossimo, futuro semplice del modo indicativo, nonché dell'imperfetto descrittivo e iterativo. Deve inoltre saper ricorrere all'uso del condizionale presente come modo per esprimere richieste, bisogni, desideri in forma cortese; e deve saper usare il modo imperativo del verbo anche nella forma di cortesia. Deve inoltre mostrare di saper costruire frasi complesse del tipo coordinativo e subordinativo più ricorrente (con relativa correlazione dei tempi).

▶ **Prova di Comprensione dell'Ascolto**

Il candidato deve essere in grado di comprendere il messaggio essenziale di vari testi del tipo parlato-letto in trascrizione ad una o due voci con pronuncia il più possibile vicina a quella dell'italiano standard e con una velocità d'eloquio media.
I testi possono essere annunci, messaggi di segreterie telefoniche, rapide battute di dialogo, brevi notizie, semplici informazioni pubblicitarie, semplici conversazioni telefoniche e faccia a faccia, brevi monologhi.

---

[4] G. Grego Bolli e M.G. Spiti (a cura di), *Misurare e valutare nella certificazione CELI*, Guerra, Perugia 2004, pp.129-131.

PRESENTAZIONE

▶ Prova di Produzione Orale

La prova è costituita da una conversazione faccia a faccia tra il candidato e l'esaminatore.
Nella fase iniziale della prova il candidato, sollecitato dall'esaminatore, deve parlare di sé anche fornendo descrizioni della sua famiglia, della sua città, della sua abitazione, della sua attività o dei suoi hobby. Deve essere quindi in grado di interagire in un *role play* di ricorrenza e utilità quotidiana, dimostrando di comprendere domande e fornendo risposte appropriate. Tale *role play* è contestualizzato da una fotografia per la quale non va richiesta la descrizione. Il candidato deve infine descrivere nei tratti essenziali un'immagine ed esprimere semplici valutazioni su di essa.

NOTA BENE
Per il dettaglio delle specifiche grammaticali e lessicali per il livello B1 si rimanda agli inventari linguistici dettagliati nel *Profilo della lingua italiana*[5] (link: unistrapg.it/profilo_lingua_italiana/site/index.html).

Qual è la struttura dell'esame?

Ciascun esame **CELI 2 - Livello B1** è costituito da:

▶ Prova scritta + Prova orale

PROVA SCRITTA	**PARTE A** Comprensione della Lettura (Prove A.1, A.2, A.3, A.4, A.5)	**1° Fascicolo d'esame** Tempo a disposizione: **2 ore**
	PARTE B Produzione di Testi Scritti (Prove B.1, B.2, B.3)	
	PARTE C Comprensione dell'Ascolto (Prove C.1, C.2, C.3)	**2° Fascicolo d'esame** Tempo a disposizione: **20 minuti**
PROVA ORALE	Produzione Orale	Tempo a disposizione: **10/12 minuti**

Ciascun esame **CELI 2 – Livello B1** presente nel volume, oltre alla prova scritta e orale, riporta anche:

- Fac simile dei Fogli delle Risposte
- Chiavi di Risposta
- Trascrizione dei testi della Prova di Comprensione dell'Ascolto
- File audio per la Prova di Comprensione dell'Ascolto scaricabile da Imparosulweb

---

[5] B. Spinelli, F. Parizzi, *Profilo della lingua italiana*, La Nuova Italia, Milano 2010.

DESCRIZIONE DELLE PROVE D'ESAME
CELI 2 - LIVELLO B1

PROVA SCRITTA

1° FASCICOLO
Tempo a disposizione: 2 ore

		La prova è costituita da:	Numero di item
PARTE A Prova di Comprensione della Lettura	A.1	sette brevi testi con item a scelta multipla a tre opzioni	7
	A.2	un testo con abbinamenti a scelta binaria	10
	A.3	cinque frasi da completare con item a scelta multipla a quattro opzioni	5
	A.4	un testo con completamenti a scelta multipla a tre opzioni	10
	A.5	cinque frasi da completare	5

		La prova è costituita da:	Numero di item
PARTE B Prova di Produzione di Testi Scritti	B.1	un modulo/questionario a cui rispondere su temi e argomenti di interesse generale	9
	B.2	un breve annuncio da scrivere o a cui rispondere su un argomento dato di vita quotidiana (circa 50 parole)	1
	B.3	una breve lettera o e-mail da scrivere, seguendo una traccia data (dalle 90 alle 100 parole)	1

2° FASCICOLO
Tempo a disposizione: 20 minuti

		La prova è costituita da:	Numero di item
PARTE C Prova di Comprensione dell'Ascolto	C.1	quattro brevi messaggi o notizie con item a scelta multipla a tre opzioni	4
	C.2	quattro brevi messaggi o notizie con item a scelta multipla a tre opzioni	4
	C.3	due testi con abbinamenti a scelta binaria	25 (15 + 10)

DESCRIZIONE DELLE PROVE D'ESAME

PROVA ORALE

Tempo a disposizione: 10/12 minuti circa

Prova di Produzione Orale	La prova consiste in: • un'intervista/conversazione tra il candidato e l'esaminatore durante la quale il candidato deve presentarsi e dare informazioni su argomenti di interesse personale; • una foto da descrivere; • un *role play* (compito comunicativo), all'interno di una ben definita situazione comunicativa. Il *role play* è contestualizzato da una fotografia per la quale non è richiesta la descrizione. Il materiale (foto e compito comunicativo) viene consegnato al candidato circa 12 minuti prima dell'inizio della prova per permettergli di prepararsi.

Valutazione delle prove d'esame

La **Prova scritta** degli esami **CELI** viene valutata centralmente presso il **CVCL**.

La **Prova orale**, invece, viene valutata nei vari centri d'esame attraverso l'utilizzo di criteri per l'espressione dei giudizi e l'attribuzione dei punteggi relativi alla prova di riferimento.

Gli insegnanti che valutano le prove d'esame **CELI**, sia scritte che orali, vengono formati dai docenti del **CVCL** durante appositi corsi di formazione obbligatori per svolgere tale funzione.

Criteri di valutazione e punteggi

PROVA SCRITTA

1° FASCICOLO

Prova		Criteri e punteggi	Punteggio complessivo della prova	Rilevanza della prova
PARTE A Prova di Comprensione della Lettura	A.1	2 punti per ogni risposta corretta 0 punti per l'astensione o per ogni risposta errata	Il punteggio ottenuto viene riportato su un punteggio complessivo di 40 punti (vedi *Calcolo del punteggio* p. 13)	25%
	A.2	1 punto per ogni risposta corretta 0 punti per l'astensione o per ogni risposta errata		
	A.3	1 punto per ogni risposta corretta 0 punti per l'astensione o per ogni risposta errata		
	A.4	1 punto per ogni risposta corretta 0 punti per l'astensione o per ogni risposta errata		
	A.5	1 punto per ogni completamento corretto 0 punti per l'astensione o per ogni completamento errato		
PARTE B Prova di Produzione di Testi Scritti	B.1	Da 0 a 5 punti (1/2 punto per ogni risposta completa e ben formulata)	40 punti	25%
	B.2	Da 0 a 15 punti assegnati seguendo le relative scale di competenze (vedi *Criteri per l'espressione dei giudizi e dei punteggi – parte scritta*[6])		
	B.3	Da 0 a 20 punti assegnati seguendo le relative scale di competenze (vedi *Criteri per l'espressione dei giudizi e dei punteggi – parte scritta*[6])		

2° FASCICOLO

Prova		Criteri e punteggi	Punteggio complessivo della prova	Rilevanza della prova
PARTE C Prova di Comprensione dell'Ascolto	C.1	2 punti per ogni risposta corretta 0 punti per l'astensione o per ogni risposta errata	Il punteggio ottenuto viene riportato su un punteggio complessivo di 40 punti (vedi *Calcolo del punteggio* p. 13)	25%
	C.2	2 punti per ogni risposta corretta 0 punti per l'astensione o per ogni risposta errata		
	C.3	1 punto per ogni risposta corretta 0 punti per l'astensione o per ogni risposta errata		

[6] link: https://www.unistrapg.it/sites/default/files/docs/certificazioni/competenze-punteggi-CELI-2-B1-scritto.pdf

DESCRIZIONE DELLE PROVE D'ESAME

PROVA ORALE				
Prova	Criteri e punteggi	Punteggio complessivo della prova	Rilevanza della prova
Prova di Produzione Orale	Da 0 a 20 punti assegnati seguendo le relative scale di competenze (vedi *Criteri per l'espressione dei giudizi e dei punteggi – parte orale*[7])	Il punteggio ottenuto viene moltiplicato per 2 Punteggio complessivo = 40 punti	25%

Punteggio massimo della Prova Scritta	120 punti
Punteggio massimo della Prova Orale	40 punti
Punteggio complessivo	160 punti

Calcolo del punteggio

Per superare l'esame del CELI 2 - Livello B1 è necessario ottenere **un punteggio minimo** di:

- **72 punti nella Prova Scritta** – dato dalla somma dei punteggi ottenuti nelle diverse componenti della Prova (Parte A+B+C).
- **22 punti nella Prova Orale**

Nella **Prova Scritta**, prima di sommare i punteggi delle tre componenti (A+B+C), **il punteggio ottenuto nella Parte A** (Prova di Comprensione della Lettura) **e quello ottenuto nella Parte C** (Prova di Comprensione dell'Ascolto) **devono essere convertiti** in base alla **tabella di conversione punteggi**[8].

Per la Parte B (Prova di Produzione Scritta) non è prevista la conversione del punteggio ottenuto.

Esempio

- *Punteggio ottenuto nella Parte A* = 30 → **il punteggio convertito diventa** 27
- *Punteggio ottenuto nella Parte B* = 21 **(non è prevista la conversione)**
- *Punteggio ottenuto nella Parte C* = 25 → **il punteggio convertito diventa** 24

PUNTEGGIO PROVA SCRITTA: 27 + 21 + 24 = 72 → **Hai superato la Prova Scritta!**

---

[7] link: https://www.unistrapg.it/sites/default/files/docs/certificazioni/competenze-punteggi-orale-CELI-2.pdf
[8] link: https://www.unistrapg.it/sites/default/files/docs/certificazioni/celi-2-conversione-punteggi.pdf

Espressione del risultato

Il risultato finale si ottiene sommando il punteggio della Prova scritta al punteggio della Prova orale e viene espresso secondo una scala che prevede 5 gradi: 3 positivi e 2 negativi.
Ogni grado viene indicato con una lettera dell'alfabeto e corrisponde a una banda di punteggi:

Punteggio compreso tra **138** e **160** punti	A = ottimo
Punteggio compreso tra **115** e **137** punti	B = buono
Punteggio compreso tra **94** e **114** punti	C = sufficiente
Punteggio compreso tra **60** e **93** punti	D = insufficiente
Punteggio compreso tra **0** e **59** punti	E = gravemente insufficiente

**L'esame è considerato superato
se il punteggio ottenuto è compreso tra 94 e 160**

Sistema di capitalizzazione

I candidati che non superano la Prova Scritta e che invece superano la Prova Orale, o viceversa (Prova Scritta superata e Prova Orale non superata), possono capitalizzare per un anno (tre sessioni d'esame) il risultato parziale ottenuto, sottoponendosi di nuovo solamente alla prova risultata insufficiente.

Informazioni utili per il candidato

1. Trascrivere obbligatoriamente tutte le risposte ai test proposti nei fascicoli d'esame **CELI** negli appositi Fogli delle Risposte, perché solo questi vengono valutati per l'attribuzione del punteggio.

2. Compilare correttamente i Fogli delle Risposte rispettando tutte le istruzioni in essi indicate e anche quelle riportate nei fascicoli d'esame, per non incorrere nella non valutazione e assegnazione del punteggio.

3. Dare una sola risposta annerendo una sola casella nei Fogli delle Risposte o inserendo una sola parola laddove previsto dal test, pena il non conferimento del punteggio. La doppia risposta è considerata astensione.

4. Annerire le caselle nel Foglio delle Risposte con la penna solo quando si è assolutamente sicuri della risposta che si vuole dare. In caso di errore, non usare la gomma per cancellare o il bianchetto, ma rivolgersi al personale di sorveglianza.

5. Scrivere con una grafia chiara e leggibile nelle parti in cui viene richiesta una produzione scritta, sia estesa che di una sola parola.

6. Inserire TUTTI i Fogli delle Risposte nell'apposita busta al termine dell'esame. NON inserire i fascicoli d'esame che vanno riconsegnati al personale di sorveglianza.

7. Distribuire bene il tempo previsto per lo svolgimento di tutte le prove d'esame perché, una volta scaduto, i fascicoli d'esame verranno subito ritirati.

8. È vietato consultare dizionari, libri, computer, cellulari ecc. durante lo svolgimento dell'esame.

9. Conservare il numero di matricola assegnato dal **CVCL** che è riportato sul foglio identificativo consegnato il giorno dell'esame. Tale numero sarà necessario al candidato per: a) visionare il proprio risultato; b) scaricare il proprio profilo; c) scaricare l'attestato provvisorio dall'area riservata ai candidati nel sito del **CVCL**.

Il candidato deve sapere che **l'esame può essere annullato quando:**
- una parte della Prova Scritta non viene svolta per intero (Parte A, Parte B o Parte C);
- uno o più Fogli delle Risposte non vengono reinseriti nell'apposita busta;
- un candidato non si presenta a una parte dell'esame (Prova scritta o Prova orale) e l'assenza è ingiustificata;
- si riscontrano casi di palese copiatura;
- si riscontra la stessa grafia all'interno di Fogli delle Risposte appartenenti a candidati diversi;
- si riscontra la presenza di grafie diverse all'interno di medesimi Fogli delle Risposte.

Ogni tipo di chiarimento sull'esame verrà dato al candidato o al Centro richiedente. Nel caso lo si desideri e dietro motivata richiesta, il candidato ha il diritto di visionare i propri elaborati esclusivamente presso i locali del **CVCL** dell'Università per Stranieri di Perugia.

GUIDA PER LO SVOLGIMENTO DELLE PROVE D'ESAME DEL CELI 2 – LIVELLO B1

PARTE A — PROVA DI COMPRENSIONE DELLA LETTURA

A.1 Scelta multipla a tre opzioni su testi brevi (da 1 a 7)

La prova è costituita da sette brevi testi fattuali, semplici e lineari di uso corrente (avvisi, messaggi promozionali, istruzioni ecc.) che testano la capacità di comprendere il significato generale dei testi, di individuare informazioni specifiche e significative e di cogliere la funzione comunicativa. Ecco come procedere.

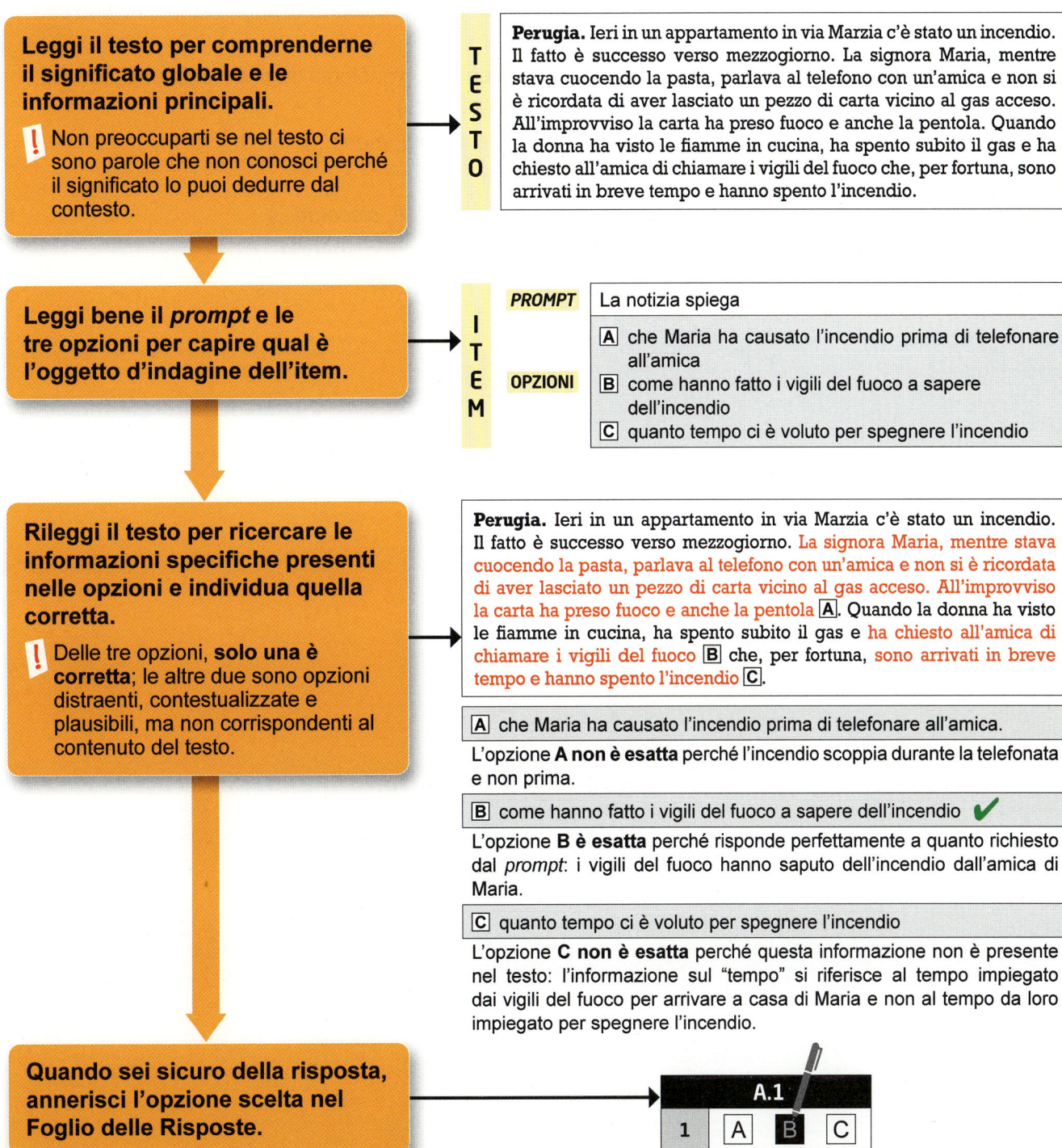

Leggi il testo per comprenderne il significato globale e le informazioni principali.

! Non preoccuparti se nel testo ci sono parole che non conosci perché il significato lo puoi dedurre dal contesto.

TESTO

Perugia. Ieri in un appartamento in via Marzia c'è stato un incendio. Il fatto è successo verso mezzogiorno. La signora Maria, mentre stava cuocendo la pasta, parlava al telefono con un'amica e non si è ricordata di aver lasciato un pezzo di carta vicino al gas acceso. All'improvviso la carta ha preso fuoco e anche la pentola. Quando la donna ha visto le fiamme in cucina, ha spento subito il gas e ha chiesto all'amica di chiamare i vigili del fuoco che, per fortuna, sono arrivati in breve tempo e hanno spento l'incendio.

Leggi bene il *prompt* e le tre opzioni per capire qual è l'oggetto d'indagine dell'item.

ITEM

PROMPT La notizia spiega

OPZIONI
- A che Maria ha causato l'incendio prima di telefonare all'amica
- B come hanno fatto i vigili del fuoco a sapere dell'incendio
- C quanto tempo ci è voluto per spegnere l'incendio

Rileggi il testo per ricercare le informazioni specifiche presenti nelle opzioni e individua quella corretta.

! Delle tre opzioni, **solo una è corretta**; le altre due sono opzioni distraenti, contestualizzate e plausibili, ma non corrispondenti al contenuto del testo.

Perugia. Ieri in un appartamento in via Marzia c'è stato un incendio. Il fatto è successo verso mezzogiorno. La signora Maria, mentre stava cuocendo la pasta, parlava al telefono con un'amica e non si è ricordata di aver lasciato un pezzo di carta vicino al gas acceso. All'improvviso la carta ha preso fuoco e anche la pentola A. Quando la donna ha visto le fiamme in cucina, ha spento subito il gas e ha chiesto all'amica di chiamare i vigili del fuoco B che, per fortuna, sono arrivati in breve tempo e hanno spento l'incendio C.

A che Maria ha causato l'incendio prima di telefonare all'amica.
L'opzione **A non è esatta** perché l'incendio scoppia durante la telefonata e non prima.

B come hanno fatto i vigili del fuoco a sapere dell'incendio ✓
L'opzione **B è esatta** perché risponde perfettamente a quanto richiesto dal *prompt*: i vigili del fuoco hanno saputo dell'incendio dall'amica di Maria.

C quanto tempo ci è voluto per spegnere l'incendio
L'opzione **C non è esatta** perché questa informazione non è presente nel testo: l'informazione sul "tempo" si riferisce al tempo impiegato dai vigili del fuoco per arrivare a casa di Maria e non al tempo da loro impiegato per spegnere l'incendio.

Quando sei sicuro della risposta, annerisci l'opzione scelta nel Foglio delle Risposte.

A.1
1 A ■B■ C

CELI 2   17

GUIDA PER LO SVOLGIMENTO DELLE PROVE D'ESAME

In un item a scelta multipla, per una maggiore comprensione del testo, del *prompt* e delle opzioni, devi far attenzione in modo particolare:

▸ a **chi racconta**, a **chi scrive**, a **chi domanda**, a **chi risponde**...;

▸ ai **sinonimi** che sono usati per non ripetere le stesse parole del testo;

▸ alla **funzione logica** di alcune **categorie grammaticali**, come:
  - i **verbi** che, oltre a indicare i tempi dell'azione, esprimono l'intento di chi parla (dubbi, comandi, consigli, istruzioni, progetti...)
  - le **preposizioni** che possono modificare il significato della situazione (Parlo *di* Mario. / Parlo *con* Mario.)
  - gli **avverbi di tempo** che aiutano a comprendere meglio la cronologia degli avvenimenti (*adesso, ora, ieri, oggi, domani, prima, dopo, presto, tardi, mai, già*...)
  - gli **avverbi di quantità** (*molto, poco, abbastanza, tanto, più, meno*...)
  - gli **avverbi di luogo** (*lontano, vicino, davanti, dietro*...)
  - le **congiunzioni** che introducono una causa (*perché, poiché, siccome*...)
  - le **congiunzioni** che precisano il momento dell'azione (*quando, mentre*...)
  - le **congiunzioni** che spiegano in che modo avviene un'azione (*come, così*...)

GUIDA PER LO SVOLGIMENTO DELLE PROVE D'ESAME

A.2 Abbinamenti a scelta binaria (da 8 a 17)

La prova è costituita da un testo (interviste, articoli ecc.) con dieci abbinamenti a scelta binaria per testare la capacità di scorrere un testo di una certa lunghezza alla ricerca di informazioni specifiche. Ecco come procedere.

Leggi il testo per comprenderne il significato globale e le informazioni principali.

! Non preoccuparti se nel testo ci sono parole che non conosci perché il significato lo puoi dedurre dal contesto.

TESTO

Fin da quando aveva solo 9 mesi, Francesco ha sempre amato giocare con la palla, ci giocava in ogni momento e non la lasciava neanche quando andava a dormire. Con il passare del tempo, Francesco ha iniziato a giocare a calcio anche con ragazzi più grandi di lui. La famiglia cercava di aiutarlo in tutti i modi a seguire questa passione, tanto che un giorno il papà lo ha accompagnato ad una partita di calcio e ha chiesto alla squadra di farlo giocare. Inizialmente i giocatori non lo volevano fra loro, poi, quando gli hanno permesso di fare una partita, lui ha segnato subito due goal e tutti hanno capito che Francesco aveva qualcosa in più degli altri.

Leggi le affermazioni proposte negli item. Le affermazioni seguono l'ordine del racconto.

ITEM

AFFERMAZIONI

8	Francesco aveva una passione sin da bambino
9	Spesso dei ragazzi invitavano Francesco a giocare con loro
10	Il padre di Francesco sapeva giocare a calcio
11	Francesco ha dimostrato delle qualità particolari nel gioco
12	...

Rileggi il testo per ricercare le informazioni specifiche che corrispondono alle affermazioni e indica se sono presenti o non sono presenti nel testo.

! Un'affermazione è presente quando nel testo se ne ritrova il contenuto, anche se espresso con parole diverse. Un'affermazione non è presente quando, pur essendo contestualmente plausibile, nel testo non ne è esplicitamente espresso il contenuto.

Fin da quando aveva solo 9 mesi, Francesco ha sempre amato giocare con la palla **8**, ci giocava in ogni momento e non la lasciava neanche quando andava a dormire. Con il passare del tempo, Francesco ha iniziato a giocare a calcio anche con ragazzi più grandi di lui **9**. La famiglia cercava di aiutarlo in tutti i modi a seguire questa passione, tanto che un giorno il papà lo ha accompagnato ad una partita di calcio e ha chiesto alla squadra di farlo giocare **10**. Inizialmente i giovani giocatori non lo volevano fra loro, poi, quando gli hanno permesso di fare una partita, lui ha segnato subito due goal e tutti hanno capito che Francesco aveva qualcosa in più degli altri **11**.

| 8 | Francesco aveva una passione sin da bambino ✓ |

Il contenuto dell'affermazione dell'item **8 è presente** nel testo.

| 9 | Spesso dei ragazzi invitavano Francesco a giocare con loro |

Il contenuto dell'affermazione **9 non è presente** nel testo, perché si dice che Francesco giocava con dei ragazzi, ma non è espresso né l'invito a giocare né la frequenza con cui giocava.

| 10 | Il padre di Francesco sapeva giocare a calcio |

Il contenuto dell'affermazione **10 non è presente** nel testo, dal momento che non si fa riferimento alcuno all'attività sportiva del padre.

| 11 | Francesco ha dimostrato delle qualità particolari nel gioco ✓ |

Il contenuto dell'affermazione **11 è presente** nel testo.

Quando sei sicuro della risposta, annerisci nel Foglio delle Risposte la casella con il Sì se l'informazione è presente nel testo oppure la casella con il No se l'informazione non è presente nel testo.

A.2		
8	**Sì**	No
9	Sì	**No**
10	Sì	**No**
11	**Sì**	No

CELI 2   19

GUIDA PER LO SVOLGIMENTO DELLE PROVE D'ESAME

A.3 Completamento di frasi con scelta multipla a quattro opzioni (da 18 a 22)

La prova è costituita da cinque frasi da completare con le parole mancanti da scegliere fra quattro opzioni. La prova testa la capacità di ricostruire il significato di una singola frase inserendo gli opportuni elementi di collegamento. Ecco come procedere.

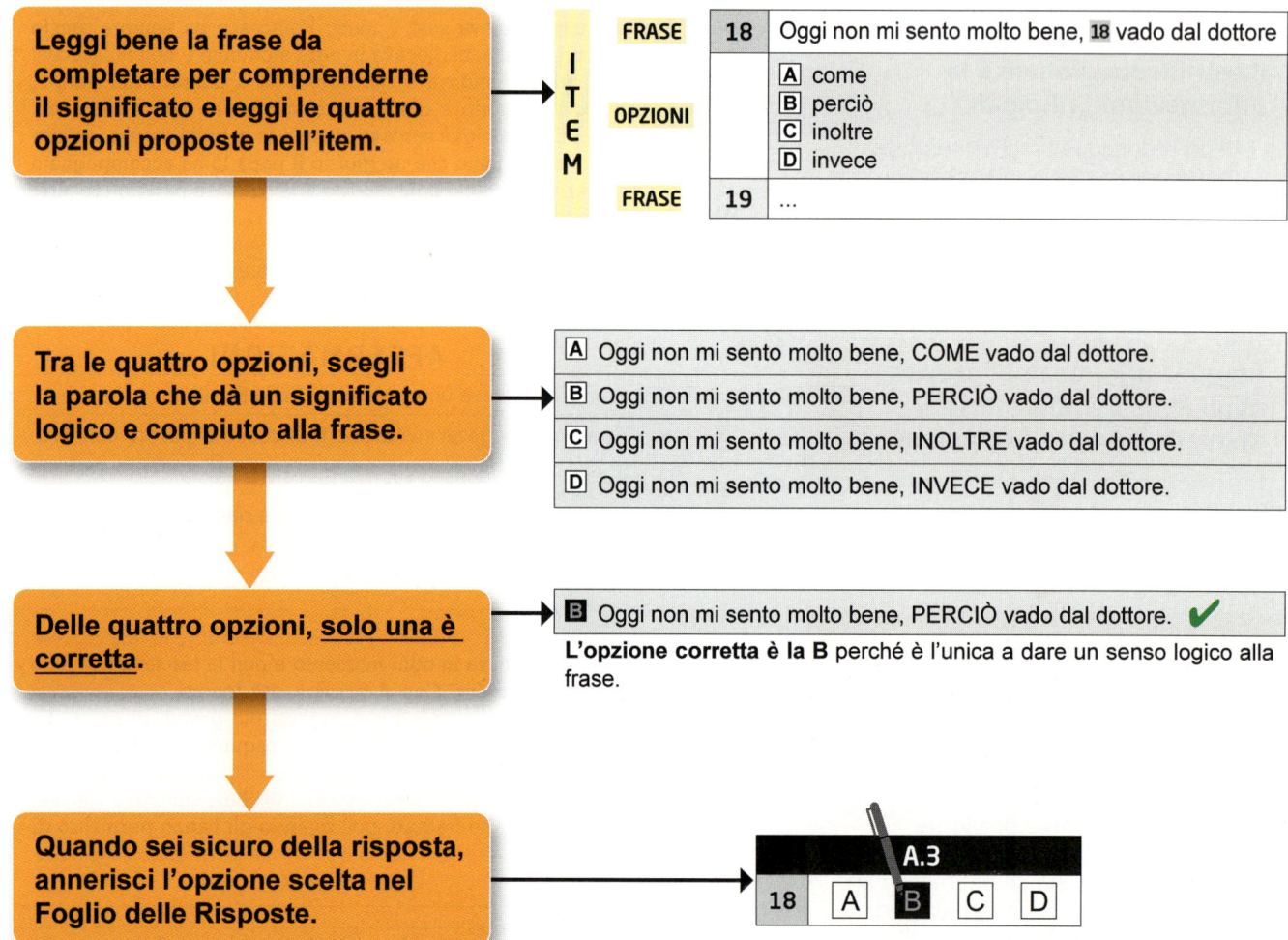

20 CELI 2

GUIDA PER LO SVOLGIMENTO DELLE PROVE D'ESAME

A.4 Completamento a scelta multipla su un testo (da 23 a 32)

La prova è costituita da un testo da completare inserendo le dieci parole mancanti nei dieci spazi numerati. Ognuna delle dieci parole mancanti va scelta fra le tre opzioni proposte. La prova testa la capacità di comprensione del significato generale di un testo e della funzione semantica e grammaticale delle parole. Ecco come procedere.

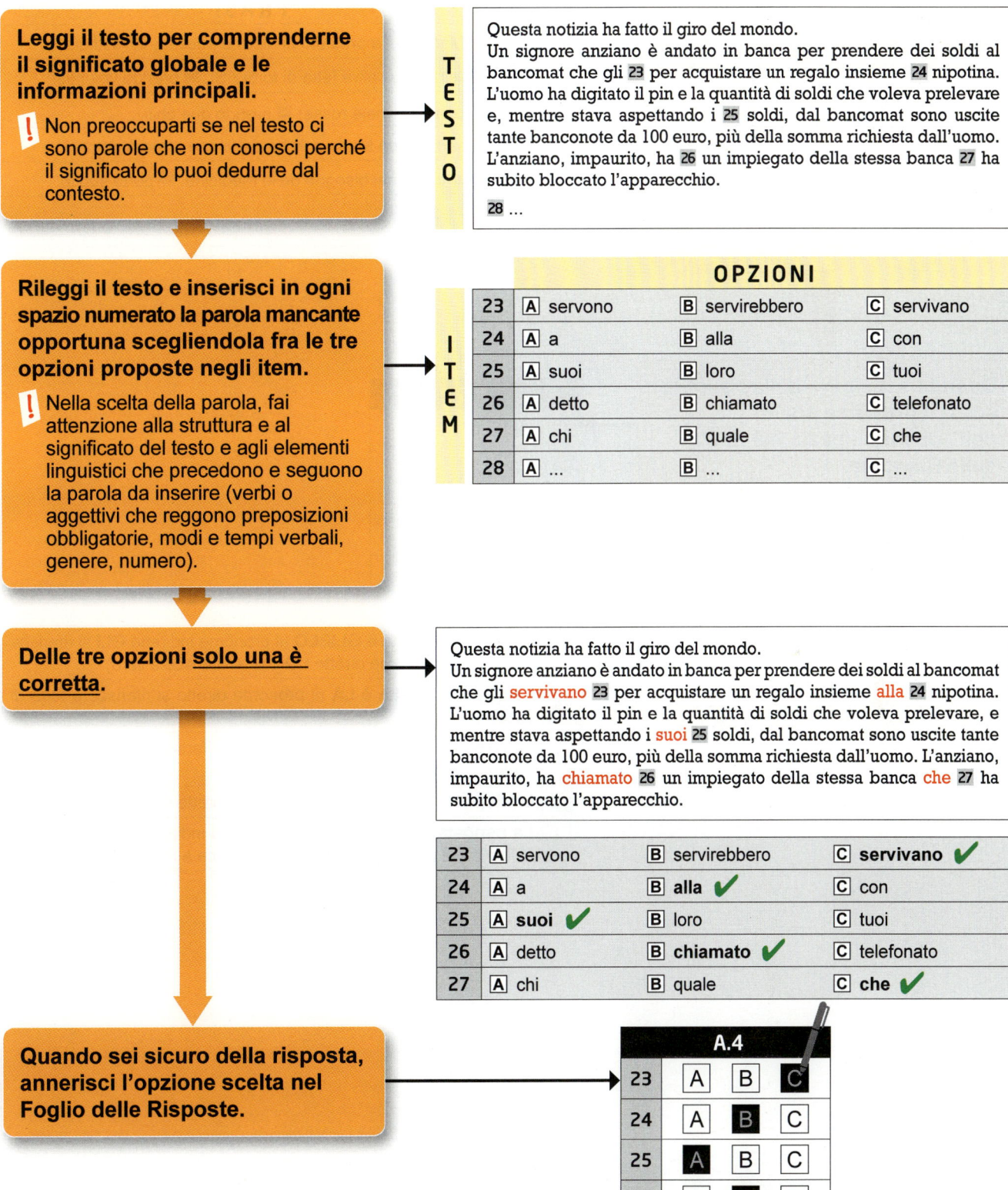

CELI 2   21

A.5 Completamento di frasi (da 33 a 37)

La prova è costituita da cinque frasi da completare con i pronomi opportuni mancanti (diretti, indiretti, combinati, particelle pronominali *ci* e *ne*). La prova testa la capacità di ricostruire il significato di frasi singole. Ecco come procedere.

GUIDA PER LO SVOLGIMENTO DELLE PROVE D'ESAME

PARTE B — PROVA DI PRODUZIONE DI TESTI SCRITTI

B.1 Compilazione di moduli o questionari

La prova è costituita da un modulo/questionario da compilare rispondendo a nove domande. La prova testa la capacità di riferire semplici informazioni fattuali compilando un modulo o un questionario attraverso una risposta breve. Ecco come procedere.

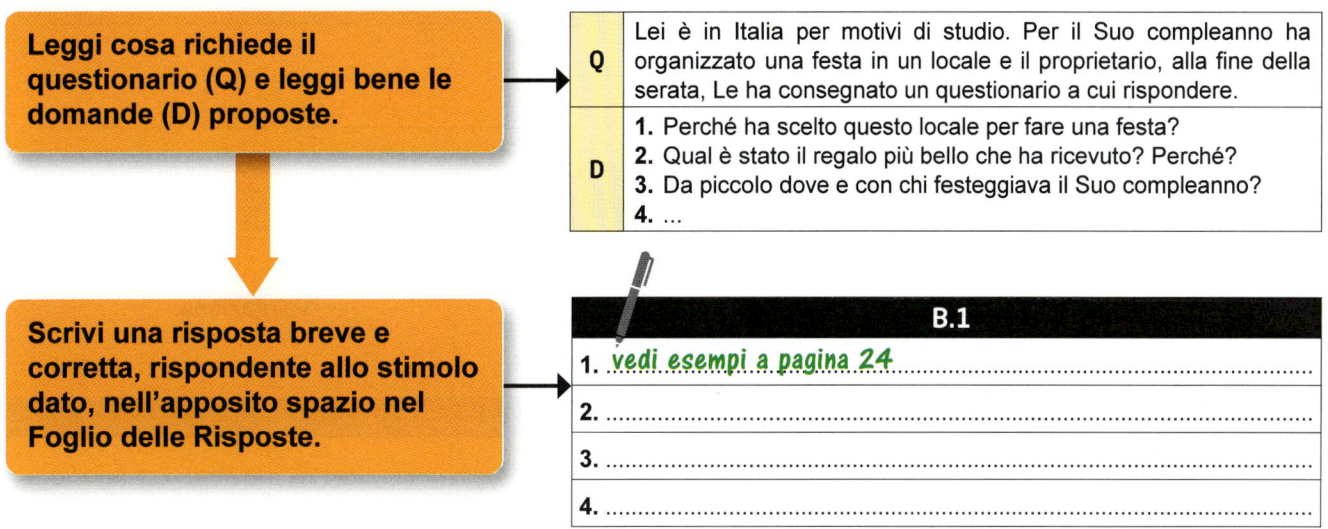

Leggi cosa richiede il questionario (Q) e leggi bene le domande (D) proposte.

Q	Lei è in Italia per motivi di studio. Per il Suo compleanno ha organizzato una festa in un locale e il proprietario, alla fine della serata, Le ha consegnato un questionario a cui rispondere.
D	1. Perché ha scelto questo locale per fare una festa? 2. Qual è stato il regalo più bello che ha ricevuto? Perché? 3. Da piccolo dove e con chi festeggiava il Suo compleanno? 4. ...

Scrivi una risposta breve e corretta, rispondente allo stimolo dato, nell'apposito spazio nel Foglio delle Risposte.

B.1
1. vedi esempi a pagina 24
2. ...
3. ...
4. ...

ESEMPI DI PRODUZIONI SCRITTE AUTENTICHE

Seguono tre esempi di produzioni scritte autentiche, relative alla prova B.1, che riportano un giudizio globale: **insufficiente**, **sufficiente** o **buono**.

B.1 Rispondere al questionario

> Lei è in Italia per motivi di studio. Per il Suo compleanno ha organizzato una festa in un locale e il proprietario, alla fine della serata, Le ha consegnato un questionario a cui rispondere.

1	Perché ha scelto questo locale per festeggiare il Suo compleanno?
2	Cosa Le è piaciuto maggiormente di questo locale: il cibo, il servizio o la musica? Perché?
3	Quale consiglio darebbe al proprietario per migliorare questo locale?
4	Lei pensa di organizzare la Sua prossima festa di compleanno in questo locale? Perché?
5	Qual è stato il momento più divertente della serata?
6	Qual è stato il regalo più bello che ha ricevuto? Perché?
7	Perché Le piace organizzare una festa per il Suo compleanno?
8	Da piccolo, di solito, dove e con chi festeggiava il Suo compleanno?
9	Consiglierebbe questo locale a un Suo amico per festeggiare il suo compleanno? Perché?

CELI 2 23

PRODUZIONE 1

B.1	
1	Perché e perfeto per compleanno
2	Il servizzio e belissimo, musica perfeta
3	La cucina e troppa picola
4	La prossima festa, organizzato perché e locale perfeto
5	Quando io metto la musica per festa
6	Computer perché ha bisogno per la scuola
7	E importante di fare la festa vedere i suoi amici
8	La sua famiglia e i suoi amici
9	Perché e veramente simpatico

Valutazione: **Insufficiente**

PRODUZIONE 2

B.1	
1	Perché è grande e puoi invitare tutti i mie amici
2	Il servizio mi sono piaciuto, ma ho preferisco la musica perché era diversa
3	Niente è bello tutto
4	In un altro perché la prossima festa sarà più piccola
5	Quando hanno tutti ballato
6	Il viaggio a Milano perché vado a conoscere una città nuova
7	Per stare con gli amici che non abitanno in questa città
8	Con la mia famiglia a casa mia
9	Si perché mi piace fare il mio compleanno qui

Valutazione: **Sufficiente**

PRODUZIONE 3

B.1	
1	Perché l'ho trovato un bel posto e pure è più grande degli altri
2	La musica perché non èra musica per i vecchi
3	Avere più scelte del cibo
4	In un altro tutti gli anni cambio posto
5	Quando tutti abbiamo ballato
6	Un orologio che mi ha regalato nonna, lo volevo gia da 2 anni
7	Per fare la festa con i compagni
8	Solo con la mia famiglia a casa
9	Sì assolutamente perché è stato un compleanno stupendo

Valutazione: **Buono**

GUIDA PER LO SVOLGIMENTO DELLE PROVE D'ESAME

B.2 Breve annuncio da scrivere o a cui rispondere

La prova è costituita da un compito contestualizzato, con obiettivi e destinatari definiti e una breve traccia da seguire. La prova testa la capacità di portare a termine un compito di produzione scritta ben determinato riferito a un'esperienza personale del vivere quotidiano. Viene richiesta la comunicazione di informazioni legate a esigenze personali. Ecco come procedere.

Leggi bene la traccia per capire quanto viene richiesto.

TRACCIA

Lei, nella Sua casa, ha molti giocattoli dei Suoi figli di quando erano piccoli. Lei ha deciso di non buttarli via, ma di regalarli e, per questo motivo, ha pensato di scrivere un annuncio su un giornale locale.

Nell'annuncio
- si presenta brevemente
- fa sapere perché vuole dare via questi giocattoli
- spiega a chi li vorrebbe regalare
- dà delle indicazioni su come contattarla

Scrivi nell'apposito spazio nel Foglio delle Risposte un testo ben strutturato, coerente e coeso con buona efficacia comunicativa, che trasmetta chiaramente quanto richiesto, usando le strutture linguistiche adeguate al livello B1 (vedi pagine 8-9) e un lessico semplice, ma vario.

! Attieniti all'input dato e svolgi **tutti** i punti richiesti nella traccia per non essere penalizzato nella valutazione.

- In caso di svolgimenti non attinenti all'input la prova risulta **fuori tema** e quindi **non valutabile**.

Rispetta il numero minimo e massimo di parole indicate nel fascicolo d'esame (circa 50 parole).

- In caso di non rispetto del numero di parole indicate si rischia di incorrere nella **penalizzazione** in fase di valutazione e attribuzione del punteggio.
- La **tolleranza** di parole in eccesso o in difetto è del **20%**. **Sotto il 50%** di parole minime indicate, alla prova si attribuisce il **punteggio minimo**.

B.2

vedi esempi a pagina 26

CELI 2   25

GUIDA PER LO SVOLGIMENTO DELLE PROVE D'ESAME

ESEMPI DI PRODUZIONI SCRITTE AUTENTICHE

Seguono tre esempi di produzioni scritte autentiche, relative alla prova B.2, che non riportano le valutazioni analitiche dettagliate riferite alle varie competenze (lessicale, grammaticale, sociolinguistica e coerenza/coesione), ma riportano un giudizio globale: **insufficiente**, **sufficiente** o **buono**.

B.2 Scrivere un annuncio. (Usare circa 50 parole)

> Lei, nella Sua casa, ha molti giocattoli dei Suoi figli di quando erano piccoli. Lei ha deciso di non buttarli via, ma di regalarli e, per questo motivo, ha pensato di scrivere un annuncio su un giornale locale.

Nell'annuncio
- si presenta brevemente
- fa sapere perché vuole dare via questi giocattoli
- spiega a chi li vorrebbe regalare
- dà delle indicazioni su come contattarla

PRODUZIONE 1

B.2

Buongiorno, mi chiamo Selene, io ho molto giocattoli di miei figli, sono giocattoli per bambini tra i 3 a 6 anni. Io voglio mettere a dispozizione per i bambini chi non avuto giocattoli. Io ho un picolo pianoforte nero, un bici rossa e dei picoli machine. I parenti chi voglio venire con i vostri bambini, venerdi 5 giuglio al mezzo giorno al l'indirizzo via Bella 100. O chiama me al questo numero 033936...

Valutazione: Insufficiente

PRODUZIONE 2

B.2

Ciao

mi chiamo Jane e ho tre figli. I miei figli sono cresciuti ma tanti giocattoli ci lo ancora. Faccio questo annuncio perché mi dispiace di butarli, preferisco di regalarli. Vorrei darli alle famiglie con bambini e che non possono comprare i giocattoli. Se qualcuno ha figli e non molti soldi e ha interessi mi potete contatare al questo numero 24765... o per e-mail jane75@...

Saluti Jane

Valutazione: Sufficiente

PRODUZIONE 3

B.2

Buongiorno,

mi chiamo Vanda e ho 27 anni. Vorrei regalare dei giocattoli per bambini. Erano dei miei figli quando avevano tra i 6-10 anni e ora non li usano più. Li vorrei regalare a chi ha bisogno di giocattoli per i figli. Sono adatti per le bimbe e per i maschi. Tutte le persone che sono interessante possono contattarme a ore pasti al numero 335789

Vi aspetto

Vanda

Valutazione: Buono

GUIDA PER LO SVOLGIMENTO DELLE PROVE D'ESAME

B.3 Scrivere una e-mail

La prova è costituita da un compito con destinatari e obiettivi ben definiti e una breve traccia da seguire. La prova testa la capacità di scrivere su argomenti familiari e di routine attraverso descrizioni lineari e attraverso la narrazione di avvenimenti ed esperienze vissute. Ecco come procedere.

Leggi bene la traccia per capire quanto viene richiesto.

TRACCIA

Lei si è iscritto a un'associazione che organizza delle passeggiate in mezzo ai boschi per stare a contatto con la natura almeno due volte al mese. Lei scrive un'e-mail al Suo amico italiano per raccontargli qualcosa di questa Sua nuova esperienza.

Nell'e-mail
- spiega al Suo amico perché ha deciso di iscriversi a questa associazione
- gli fa capire cosa fa durante queste passeggiate in mezzo ai boschi
- gli racconta cosa Le è successo durante l'ultima passeggiata
- lo invita a condividere questa bella esperienza con Lei

Scrivi nell'apposito spazio nel Foglio delle Risposte un testo ben strutturato, coerente e coeso con buona efficacia comunicativa, che risponda chiaramente a quanto richiesto, usando le strutture linguistiche adeguate al livello B1 (vedi pagine 8-9) e un lessico semplice, ma vario.

! Attieniti all'input dato e svolgi **tutti** i punti richiesti nella traccia per non essere penalizzato nella valutazione.

- In caso di svolgimenti non attinenti all'input la prova risulta **fuori tema** e quindi **non valutabile**.

Rispetta il numero minimo e massimo di parole indicate nel fascicolo d'esame (circa 100 parole).

- In caso di non rispetto del numero di parole indicate si rischia di incorrere nella **penalizzazione** in fase di valutazione e attribuzione del punteggio.
- La **tolleranza** di parole in eccesso o in difetto è del **20%**.
  Sotto il 50% di parole minime indicate, alla prova si attribuisce il **punteggio minimo**.

B.3

vedi esempi a pagina 28

CELI 2   27

GUIDA PER LO SVOLGIMENTO DELLE PROVE D'ESAME

ESEMPI DI PRODUZIONI SCRITTE AUTENTICHE

Seguono tre esempi di produzioni scritte autentiche, relative alla prova B.3, che non riportano le valutazioni analitiche dettagliate riferite alle varie competenze (lessicale, grammaticale, sociolinguistica e coerenza/coesione), ma riportano un giudizio globale: **insufficiente**, **sufficiente** o **buono**.

B.3 Scrivere una lettera/e-mail informale. (Da un minimo di 90 ad un massimo di 100 parole)

> Lei si è iscritto a un'associazione che organizza delle passeggiate in mezzo ai boschi per stare a contatto con la natura almeno due volte al mese. Lei scrive una e-mail a un Suo amico italiano per raccontargli qualcosa di questa Sua nuova esperienza.

Nell'e-mail
- spiega al Suo amico perché ha deciso di iscriversi a questa associazione
- gli fa capire cosa fa durante queste passeggiate in mezzo ai boschi
- gli racconta cosa Le è successo durante l'ultima passeggiata
- lo invita a condividere questa bella esperienza con Lei

PRODUZIONE 1

B.3

Ciao Marco,

sono Marty, come va? Io sto bene. Sono inscritta ad un'associazione per stare a contatto con la natura due volte al mese. Sono molto contenta. Ho deciso di iscriversi a questa associazione per stare a contatto con la natura di più. Mi piace vedere la verdura, li animali, il sole. Sono anche inscritta perché ho molto di lavoro e devo mi riposare. Durante queste passeggiate sono andato visitare le foreste con un guido, ho veduto anche molti di animali, ma ho fatto anche molto di sport. Durante la ultima passeggiata ho visto un animalo molto bello. Ho fatto una bella foto. Ti invito di venire con me perché voglio a condividere con te la prossima esperienza con me.
Ciao, Marty

Valutazione: Insufficiente

PRODUZIONE 2

B.3

Ciao Andrea,

sono iscritto ad un'associazione che organizza delle passeggiate in mezzo ai boschi. Mi sono iscritto perché me piace stare a contatto con la natura e voglio rilassarmi. In queste passeggiate in mezzo ai boschi cammino molto e ascolto musica insieme. Parto con altre persone. Quando siamo tutti insieme parliamo, guardiamo la natura e a volte fermiamo per fare foto tutti insieme. Per l'ultima passeggiata siamo andati alla montagna, abbiamo guardato animali, mangiato, giocato, è stata la megliore esperienza di mia vita. Vieni con noi la prossima passeggiata, sono sicuro che ti piace. Ciao, Paul

Valutazione: Sufficiente

PRODUZIONE 3

B.3

Caro Paolo,

non te l'avevo ancora detto, ma mi sono iscritta ad un'associazione che organizza delle passegiate in mezzo ai boschi, 2 volte al mese. Lo sai che mi piace molto essere in contatto con la natura e vedere gli animali che vivono nel bosco. Durante queste giornate la guida ci impara molte cose interessante, impariamo i nomi degli alberi e dei fiori. Durante l'ultima passeggiata purtroppo sono caduta e mi sono fatta male a un piede. Ora non posso andare ma quando sarò meglio ricomincerò. Vuoi venire anche tu la prossima volta? Sono sicura che ti piacerà.
A presto, Georgette

Valutazione: Buono

GUIDA PER LO SVOLGIMENTO DELLE PROVE D'ESAME

PARTE C — PROVA DI COMPRENSIONE DELL'ASCOLTO

INFORMAZIONI GENERALI

1. All'inizio della prova di comprensione dell'ascolto il candidato ha un minuto di tempo a disposizione per prendere visione degli item al fine di capire gli argomenti trattati.

2. La prova procede senza interruzioni, fino a quando la voce dello speaker pronuncia "Fine della prova". A quel punto il tempo a disposizione è terminato e il candidato deve consegnare il fascicolo e tutti i Fogli delle Risposte al personale di sorveglianza presente durante le prove d'esame.

Dopo l'ascolto dell'ultimo testo, sono stati inseriti tre minuti di stacchetto musicale prima che lo speaker pronunci "Fine della prova". Questi tre minuti consentono al candidato di rivedere le risposte date e/o di trascriverle sui Fogli delle Risposte, se non lo ha già fatto durante l'ascolto.

C.1 Scelta multipla a tre opzioni su brevi testi (da 1 a 4)

La prova C.1 è costituita da quattro brevi monologhi/dialoghi, relativi a notizie, pubblicità o messaggi di segreterie telefoniche, semplici e lineari di uso corrente. Tali testi vengono registrati con pronuncia chiara e standard, e con velocità di eloquio medio-bassa. La prova testa la capacità di comprensione di informazioni fattuali e chiare su argomenti relativi alla vita di tutti i giorni, riconoscendone sia il significato generale che le informazioni specifiche. Ecco come procedere.

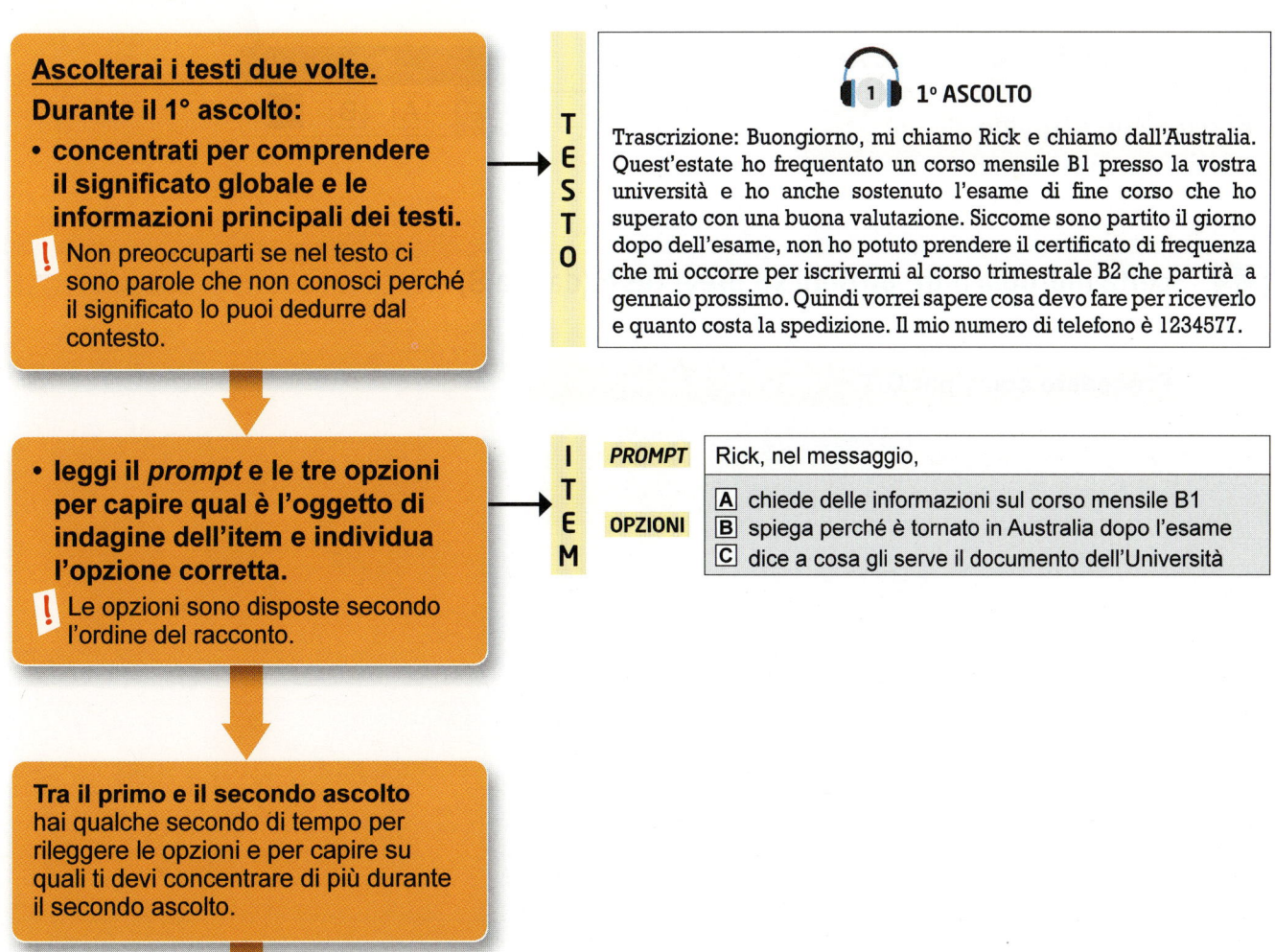

Ascolterai i testi due volte.
Durante il 1° ascolto:
- concentrati per comprendere il significato globale e le informazioni principali dei testi.

  ! Non preoccuparti se nel testo ci sono parole che non conosci perché il significato lo puoi dedurre dal contesto.

TESTO — 1° ASCOLTO
Trascrizione: Buongiorno, mi chiamo Rick e chiamo dall'Australia. Quest'estate ho frequentato un corso mensile B1 presso la vostra università e ho anche sostenuto l'esame di fine corso che ho superato con una buona valutazione. Siccome sono partito il giorno dopo dell'esame, non ho potuto prendere il certificato di frequenza che mi occorre per iscrivermi al corso trimestrale B2 che partirà a gennaio prossimo. Quindi vorrei sapere cosa devo fare per riceverlo e quanto costa la spedizione. Il mio numero di telefono è 1234577.

- leggi il *prompt* e le tre opzioni per capire qual è l'oggetto di indagine dell'item e individua l'opzione corretta.

  ! Le opzioni sono disposte secondo l'ordine del racconto.

ITEM
PROMPT: Rick, nel messaggio,
OPZIONI:
A chiede delle informazioni sul corso mensile B1
B spiega perché è tornato in Australia dopo l'esame
C dice a cosa gli serve il documento dell'Università

Tra il primo e il secondo ascolto hai qualche secondo di tempo per rileggere le opzioni e per capire su quali ti devi concentrare di più durante il secondo ascolto.

CELI 2 — 29

GUIDA PER LO SVOLGIMENTO DELLE PROVE D'ESAME

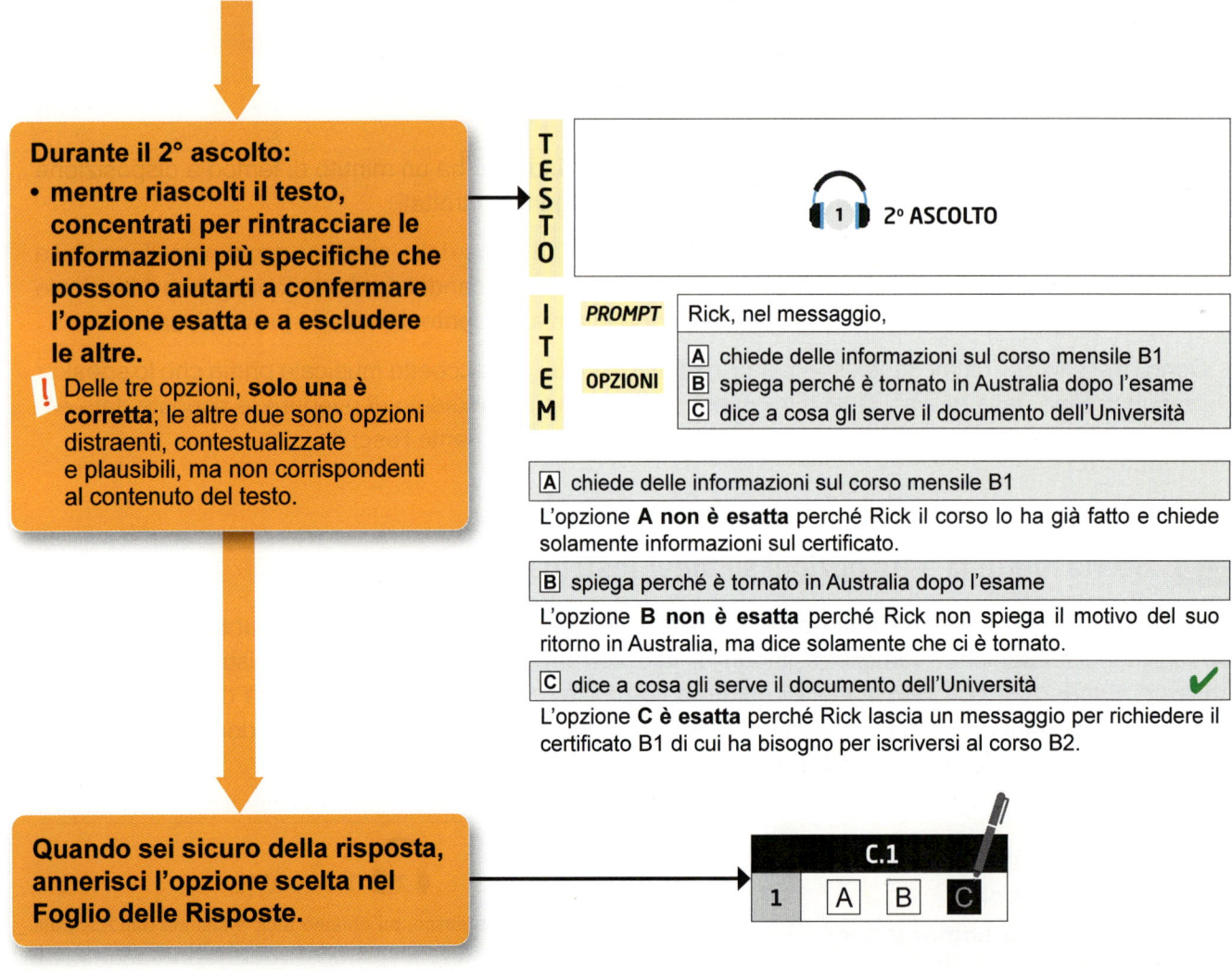

Durante il 2° ascolto:
- **mentre riascolti il testo, concentrati per rintracciare le informazioni più specifiche che possono aiutarti a confermare l'opzione esatta e a escludere le altre.**

! Delle tre opzioni, **solo una è corretta**; le altre due sono opzioni distraenti, contestualizzate e plausibili, ma non corrispondenti al contenuto del testo.

Quando sei sicuro della risposta, annerisci l'opzione scelta nel Foglio delle Risposte.

C.2 Scelta multipla a tre opzioni su brevi testi (da 5 a 8)

Procedere come per C.1

GUIDA PER LO SVOLGIMENTO DELLE PROVE D'ESAME

C.3 1° TESTO: Abbinamento a scelta binaria su un testo (da 9 a 23)

La prova è costituita da un testo (dialogo o monologo) e il candidato deve abbinare al testo ascoltato quindici affermazioni presenti in una lista. La prova testa la capacità di comprensione e identificazione di alcune parti di discorsi chiari e di brevi racconti su argomenti familiari. Ecco come procedere.

Ascolterai questo testo una sola volta. Per questo motivo devi individuare subito le risposte.

Durante l'unico ascolto:

- **concentrati subito sulla lista di affermazioni presenti negli item per capire se sono presenti o non sono presenti nel testo ascoltato.**

! Ricorda che le affermazioni **presenti** riportano esattamente **le stesse parole** del testo e nella stessa sequenza.

Le affermazioni sono disposte secondo l'ordine del racconto.

Nel caso di interviste, fai attenzione al ruolo dei parlanti perché, di solito, le informazioni più importanti per dare la risposta si trovano nelle parole dell'intervistato e non in quelle di chi intervista.

Non preoccuparti se nel testo ci sono parole che non conosci perché il significato lo puoi dedurre dal contesto.

 ASCOLTO

Trascrizione: **F** → *voce femminile*, **M** → *voce maschile*

F: Buongiorno a tutti gli ascoltatori. Oggi è con noi un giovane cantante italiano. Max, racconta agli ascoltatori come è nata la tua passione per la musica.

M: Sono nato e cresciuto in una famiglia appassionata di musica jazz e pop degli anni '80. Quindi dalla mattina alla sera in casa mia c'era sempre la musica. A 15 anni ho imparato a suonare la chitarra e il pianoforte. Poi, verso i 18 anni ho capito di avere una bella voce, adatta per cantare.

F: Ho ascoltato il tuo primo CD e mi è piaciuto molto, complimenti!

M: Grazie mille, mi fa molto piacere. In questo CD ci sono 10 canzoni: i testi li ha scritti un mio collega cantante, mentre io ho composto la musica. Le radio e le web radio trasmettono spesso le mie canzoni e fino ad oggi ho ricevuto 18.000 follower su Spotify e ho 5.000 fan su Instagram. Questo mi basta per capire che la mia musica piace.

F: Hai in programma una serie di concerti?

M: Certamente. Farò conoscere la mia musica in vari teatri italiani e poi volerò a Londra per registrare il mio secondo CD.

F: Allora Max, in bocca al lupo per il tuo lavoro artistico.

M: Crepi il lupo e grazie a tutti voi.

AFFERMAZIONI

I T E M	9	una famiglia appassionata di musica ✓
	10	in casa ho un pianoforte
	11	io ho composto la musica ✓
	12	mi piace ascoltare le canzoni sul web
	13	volerò a Londra per registrare il mio secondo CD ✓
	14	...

Le affermazioni 9, 11, 13 **sono esatte** perché riportano esattamente tutte le parole presenti nel testo ascoltato e nella stessa sequenza. Tutte le altre affermazioni dell'item non sono esatte perché non riportano le stesse parole ascoltate.

Quando sei sicuro della risposta, annerisci l'opzione scelta nel Foglio delle Risposte.

C.3 (1° testo)

	Sì	No
9	Sì	**No**
10	Sì	**No**
11	**Sì**	No
12	Sì	**No**
13	**Sì**	No

CELI 2 **31**

GUIDA PER LO SVOLGIMENTO DELLE PROVE D'ESAME

C.3 2° TESTO: Abbinamento a scelta binaria su un testo (da 24 a 33)

La prova è costituita da un testo (dialogo o monologo) e il candidato deve abbinare al testo ascoltato dieci affermazioni presenti in una lista. La prova testa la capacità di comprensione e identificazione dei punti salienti di discorsi chiari e di brevi racconti su argomenti familiari. Ecco come procedere.

Ascolterai il testo due volte.
Durante il 1° ascolto:

- **concentrati per comprendere il significato globale e le informazioni principali del testo. Contemporaneamente comincia a leggere la lista di affermazioni presenti negli item per individuare se il loro contenuto è presente o non è presente nel testo ascoltato.**

! Le affermazioni **presenti riportano il contenuto** del testo, ma **non necessariamente le stesse parole**.

Le affermazioni sono elencate secondo l'ordine del racconto.

Nel caso di interviste, fai attenzione al ruolo dei parlanti perché in un'intervista, di solito, le informazioni più importanti per dare la risposta, si trovano nelle parole dell'intervistato e non in quelle di chi intervista.

Non preoccuparti se nel testo ci sono parole che non conosci perché il significato lo puoi dedurre dal contesto.

 1° ASCOLTO

Trascrizione: Sara e Bianca Ambrosi sono due gemelle di 15 anni, identiche nell'aspetto, ma non nel carattere. Sono nate a Los Angeles nel 2005 da genitori italiani originari di Napoli, entrambi medici, che si sono trasferiti tanti anni fa in America per lavoro. Fin da piccole erano così belle che, per strada, le persone fermavano i loro genitori per dirgli: "Le vostre figlie sono tanto uguali quanto belle, sono perfette per la tv e il cinema, dovreste portarle a qualche provino cinematografico!" E così, dopo aver ascoltato le parole della gente, mamma e papà hanno deciso di portare le bambine ai vari provini a Hollywood. Ed è proprio all'età di tre anni, che le gemelle hanno avuto la fortuna di superare uno dei provini che hanno fatto e ricevere la prima proposta di lavoro come protagoniste di una serie televisiva molto seguita negli Stati Uniti e anche in Italia. È da qui che è iniziata la loro carriera di attrici.

AFFERMAZIONI

24	I genitori delle gemelle vivono in Italia, a Napoli
25	La gente apprezzava una particolarità delle gemelle
26	I genitori di Sara e Bianca hanno seguito i consigli delle persone
27	Sara e Bianca hanno superato il primo provino cinematografico che hanno fatto
28	Sara e Bianca lavorano anche per la televisione italiana
29	...

Tra il primo e il secondo ascolto hai qualche secondo di tempo per rileggere le affermazioni e per capire su quali ti devi concentrare di più durante il secondo ascolto.

32 CELI 2

GUIDA PER LO SVOLGIMENTO DELLE PROVE D'ESAME

Durante il 2° ascolto:
- **mentre riascolti il testo, rileggi le affermazioni, verifica l'esattezza delle risposte già date e concentrati su quelle a cui devi ancora rispondere.**

TESTO — 2° ASCOLTO

ITEM

24	I genitori delle gemelle vivono in Italia, a Napoli
25	La gente apprezzava una particolarità delle gemelle ✔
26	I genitori di Sara e Bianca hanno seguito i consigli delle persone ✔
27	Sara e Bianca hanno superato il primo provino cinematografico che hanno fatto
28	Sara e Bianca lavorano anche per la televisione italiana
29	...

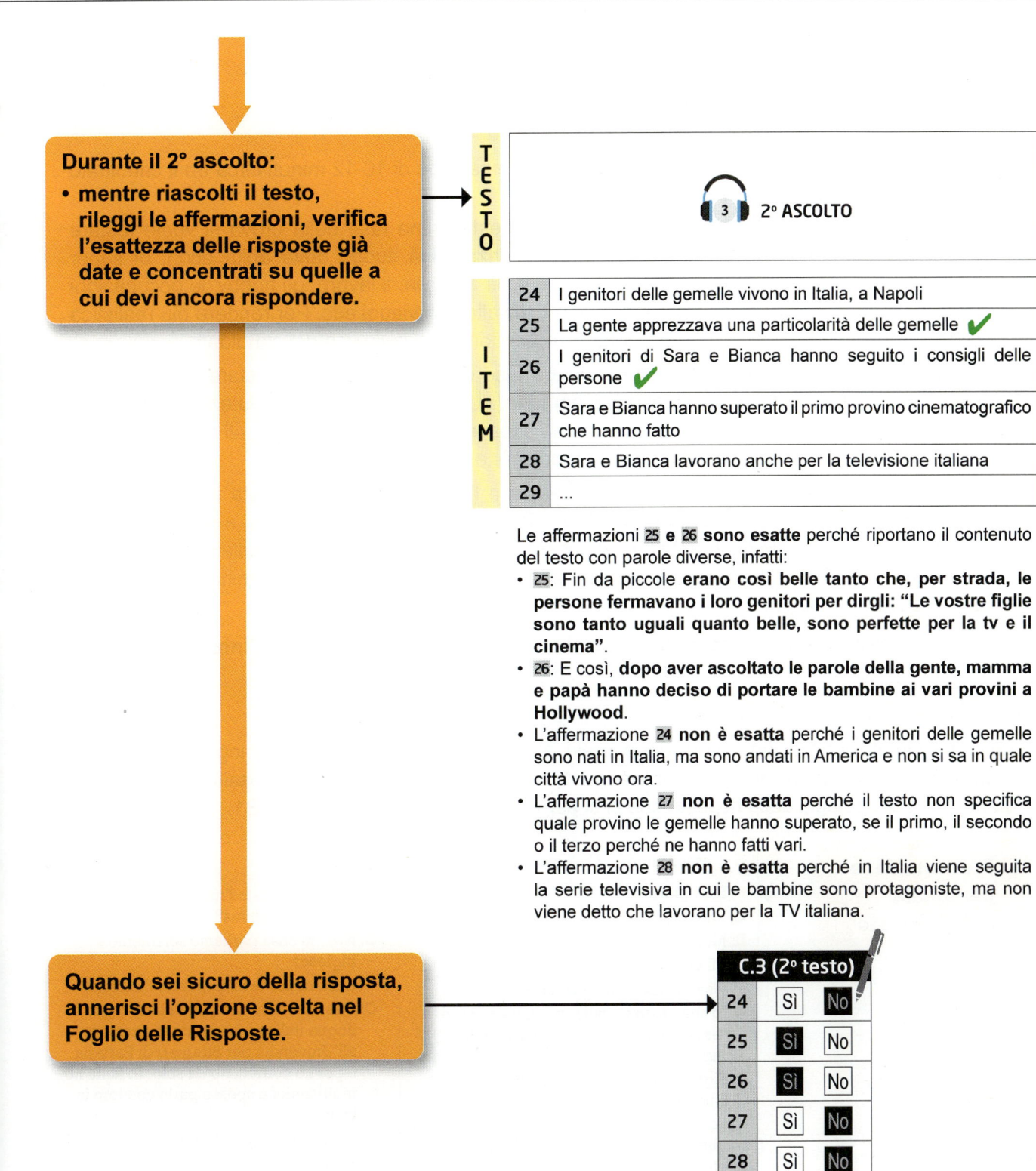

Le affermazioni 25 e 26 **sono esatte** perché riportano il contenuto del testo con parole diverse, infatti:
- 25: Fin da piccole **erano così belle tanto che, per strada, le persone fermavano i loro genitori per dirgli: "Le vostre figlie sono tanto uguali quanto belle, sono perfette per la tv e il cinema"**.
- 26: E così, **dopo aver ascoltato le parole della gente, mamma e papà hanno deciso di portare le bambine ai vari provini a Hollywood.**
- L'affermazione 24 **non è esatta** perché i genitori delle gemelle sono nati in Italia, ma sono andati in America e non si sa in quale città vivono ora.
- L'affermazione 27 **non è esatta** perché il testo non specifica quale provino le gemelle hanno superato, se il primo, il secondo o il terzo perché ne hanno fatti vari.
- L'affermazione 28 **non è esatta** perché in Italia viene seguita la serie televisiva in cui le bambine sono protagoniste, ma non viene detto che lavorano per la TV italiana.

Quando sei sicuro della risposta, annerisci l'opzione scelta nel Foglio delle Risposte.

C.3 (2° testo)

24	Sì	**No**
25	**Sì**	No
26	**Sì**	No
27	Sì	**No**
28	Sì	**No**

CELI 2   33

GUIDA PER LO SVOLGIMENTO DELLE PROVE D'ESAME

PROVA DI PRODUZIONE ORALE

INFORMAZIONI GENERALI

La prova di produzione orale è costituita da una conversazione di 10-12 minuti circa tra il candidato e l'esaminatore. La prova si articola su tre momenti:

1. **Presentazione personale del candidato** – In questa prima fase della prova si vuole testare la capacità del candidato di presentarsi (nome, nazionalità, luogo dove abita ecc.), di saper parlare di sé e di argomenti di interesse personale: la famiglia, il lavoro, gli hobby, le occupazioni preferite, la sua città, le motivazioni allo studio dell'italiano, i viaggi ecc. Per rendere più realistica la conversazione l'esaminatore porrà delle semplici domande sulla vita del candidato.

2. **Fotografia da descrivere** – In questa seconda fase della prova si vuole testare la capacità di descrivere, nei tratti essenziali, situazioni e persone, ed esprimere semplici valutazioni in maniera chiara e lineare; il candidato deve essere anche capace di rispondere a eventuali domande poste dall'esaminatore al fine di sollecitare la sua produzione.

3. **Compito comunicativo** (*role play*) da svolgere con l'esaminatore – In questa terza fase della prova si vuole testare la capacità di interagire in brevi scambi per far fronte a varie situazioni comunicative di notevole ricorrenza che si possono presentare viaggiando o nella vita quotidiana: spiegare un problema, discutere su cosa fare, valutare alternative ecc. L'esaminatore interviene per sviluppare il dialogo.

La fotografia e il *role play* sono consegnati al candidato 10 minuti prima dell'inizio della prova.

ESEMPIO DI PRODUZIONE ORALE

Segue una simulazione di una produzione orale al fine di presentare sia la tipologia delle domande formulate dall'esaminatore (adeguate al livello B1 dal punto di vista della complessità linguistica e dei contenuti), sia la tipologia delle risposte che ci si aspetta da un candidato di livello B1.

1. Presentazione personale del candidato

E → esaminatore   C → candidato

E: Buongiorno.
C: Buongiorno.
E: Mi può dire come si chiama?
C: Mi chiamo Alex.
E: Qual è la Sua nazionalità?
C: Io sono nato in Italia, ma sono sempre vissuto a Londra e ho la nazionalità inglese.
E: Signor Alex cosa fa nella vita, lavora o studia?
C: Sono ancora uno studente... frequento l'ultimo anno della Facoltà di Medicina.
E: Mi dica, perché sta imparando l'italiano?
C: Mia madre è italiana, invece mio padre è inglese. Mia madre durante una vacanza studio a Londra ha conosciuto mio padre e si sono innamorati. Sto imparando l'italiano perché è una lingua che mi piace e perché vado spesso a trovare i nonni che sono in Italia.
E: Adesso i Suoi genitori vivono in Italia o in Inghilterra?
C: No, no... sono vissuti in Italia per due anni e poi sempre a Londra.
E: Lei ha imparato l'italiano con l'aiuto della sua mamma?
C: No... in casa parliamo solamente in inglese.
E: E allora come ha imparato l'italiano?
C: Due anni fa ho frequentato un corso di lingua italiana per studenti Erasmus all'Università per Stranieri di Perugia e poi ho continuato da solo. In Italia ho molti amici e spesso parlo con loro in chat.
E: Signor Alex, quali sono i Suoi interessi?
C: Sono sportivo... gioco a tennis e a golf. Nel tempo libero mi piace anche andare in bici o fare jogging. Poi amo ascoltare la musica di tutti i tipi e suono anche la chitarra.
E: E quali sono i Suoi progetti futuri?
C: Il prossimo anno finirò l'università e poi andrò negli Stati Uniti per fare un master.
E: Ho capito. Adesso andiamo avanti con la prova. Preferisce, prima, descrivere la foto o svolgere il compito comunicativo?
C: Preferisco iniziare dalla foto.

GUIDA PER LO SVOLGIMENTO DELLE PROVE D'ESAME

2. Fotografia da descrivere

Il candidato di livello B1 deve essere in grado di descrivere la foto precisando semplicemente: quante persone ci sono, che cosa fanno, dove si trovano, come sono vestite, che rapporto ci può essere tra loro (parentela, amicizia) ecc.

Le successive domande dell'esaminatore faranno riferimento all'argomento della foto e riguarderanno informazioni legate all'esperienza personale del candidato, alle sue preferenze, alle situazioni a lui abituali relative alla vita di tutti i giorni e al tempo libero. Al candidato si richiede di esprimere una semplice opinione, una spiegazione o una descrizione di fatti e situazioni, senza spiegazioni approfondite di pro e contro o di vantaggi o svantaggi relativi all'argomento trattato.

E: D'accordo, allora, mi può descrivere questa foto?
C: In questa foto ci sono due persone ... il ragazzo è vestito sportivo, ha una camicia e un paio di jeans, invece la ragazza indossa un vestito di colore bianco e ha uno zaino blu. È estate e tutti e due portano un cappello e gli occhiali da sole; poi c'è una bicicletta che ha un cestino con dei fiori.
E: Secondo Lei cosa stanno facendo queste due persone?
C: Secondo me la ragazza è una turista e sta chiedendo delle informazioni al ragazzo e insieme stanno guardando la piantina della città.
E: In quale luogo della città si trovano?
C: Si trovano in un parco grande dove c'è un antico monumento e loro sono vicino a un albero.
E: Lei va mai nei parchi della Sua città?
C: Sì, quando sono a casa ci vado tutti i giorni perché ci porto a passeggiare il mio cane.
E: Come si chiama il Suo cane e di che razza è?
C: È un cocker spaniel che si chiama Lolly. Lui sta sempre insieme a me e per me è come un amico.
E: Lei ha avuto un cane fin da piccolo?
C: No, perché quando ero piccolo abitavo con la mia famiglia in un piccolo appartamento con un solo balcone e non avevamo spazio per tenere un cane. Però avevo un gatto tutto nero che si chiamava Black. Anche lui per me era come un amico, però un giorno è fuggito e non è più tornato. Comunque io preferisco i cani ai gatti.
E: Ho capito. Questa foto Le piace o non Le piace?
C: Mi piace molto, perché è estate... la mia stagione preferita e poi perché mi ricorda la foto che ho fatto alla Torre di Pisa quando sono venuto in Italia l'anno scorso... anche lì c'è un grande giardino come questo della foto.
E: A Lei piacerebbe poter vivere e lavorare in Italia?
C: Sì, mi piacerebbe molto perché ci sono i miei parenti però mi piacerebbe anche poter lavorare negli Stati Uniti in un grande ospedale.

CELI 2   35

GUIDA PER LO SVOLGIMENTO DELLE PROVE D'ESAME

3. Compito comunicativo (*role play*) da svolgere con l'esaminatore

! Le indicazioni (consegna) del *role play* da svolgere sono accompagnate da una fotografia che contestualizza la situazione, ma che **non va descritta**.
La consegna del *role play* per un B1 viene formulata in maniera semplice e la funzione comunicativa presente deve permettere lo sviluppo di un semplice scambio di domande e risposte, tra candidato e esaminatore, adeguato al contesto proposto.

Consegna
Lei lavora in un bar della Sua città. Entra un cliente italiano che desidera un caffè. L'uomo Le chiede alcune informazioni turistiche e, così, iniziate a parlare. Lei, allora, gli dà delle informazioni su cosa c'è di bello da vedere nella Sua città, gli consiglia un ristorante dove può assaggiare dei cibi tipici e gli dà delle indicazioni su come andarci. Infine, lo saluta e gli augura una buona vacanza.

E: Ora signor Alex, passiamo al compito comunicativo. Ha letto e ha capito cosa deve fare? Lei lavora in un bar della Sua città, quindi Londra, ed entra un cliente italiano che Le chiede delle informazioni sulla Sua città. Io sono il cliente italiano e Lei il barista.
C: Sì, ho capito.
E: Allora cominciamo. Buongiorno, vorrei un caffè per favore.
C: Buongiorno, Lei è italiano?
E: Sì, sono a Londra per la prima volta e conosco poco la Sua lingua.
C: Si trova a Londra per lavoro o per turismo?
E: Sono qui in vacanza e vorrei sapere quali sono i luoghi più interessanti da visitare.
C: Londra è una città dove ci sono tante cose da vedere. Secondo me, prima di tutto, Lei dovrebbe visitare i parchi che sono bellissimi, dove può fare lunghe passeggiate e prendere il sole. Poi, ci sono molti musei d'arte e di scienza, c'è un planetario e molte altre cose... Lei ha una guida della città?
E: No, non ce l'ho.
C: Le consiglio di comprarla perché può trovarci molte informazioni, gli indirizzi e gli orari di apertura e chiusura di tutti i luoghi dove vuole andare. Lei ha una macchina?

E: No, prendo i mezzi pubblici.
C: Meglio, così non ha problemi di traffico o di parcheggio e con la metropolitana può raggiungere facilmente tutte le parti della città in poco tempo. Comunque, dato che oggi è una bellissima giornata di sole e fa abbastanza caldo, potrebbe prendere un autobus aperto che Le fa fare il tour della città.
E: Bellissimo! Dove si compra il biglietto?
C: Lo può acquistare negli uffici turistici oppure direttamente nell'autobus.
E: Bene, e vorrei anche un'altra informazione per favore. Mi può consigliare un buon ristorante dove mangiare senza spendere troppo?
C: Lei alloggia in centro?
E: Sì.
C: In centro ce ne sono moltissimi, ma sono un po' costosi. Conosco però un ristorante italiano abbastanza economico che è qui dietro l'angolo. Io ci vado spesso perché il cuoco cucina molto bene.
E: Perfetto. È aperto solo all'ora di cena o anche a pranzo?
C: È aperto sempre.
E: La ringrazio per la Sua gentilezza.
C: Buona giornata.

36 CELI 2

PRIMO ESAME

PROVA SCRITTA

Parte **A** Parte **B** Parte **C**

⚠️
- **Prima di cominciare la prova**, ti consigliamo di leggere le **Informazioni utili per il candidato** a p. 15 e la **Guida per lo svolgimento delle prove d'esame** alle pp. 17-36.

- Quando svolgi la Prova scritta, usa i **Fogli delle Risposte** per trascrivere le tue risposte a pp. 60-63.

- Potrai ascoltare i testi che compongono la **Prova di Comprensione dell'Ascolto, Parte C** (C.1, C.2, C.3 primo e secondo testo) del primo esame dall'inizio alla fine senza interruzioni per effettuare una simulazione dell'esame (traccia 4), oppure li potrai ascoltare singolarmente (tracce da 5 a 8).

- Troverai le **Chiavi di risposta** e le **Trascrizioni dei testi** della Prova di Comprensione dell'Ascolto del primo esame alle pp. 66-68.

- Una volta terminata la Prova Scritta, svolgi la Prova di Produzione Orale del primo esame alle pp. 56-57.

1° FASCICOLO

Università per Stranieri di Perugia

CVCL — CENTRO VALUTAZIONE CERTIFICAZIONI LINGUISTICHE
Università per Stranieri di Perugia

ALTE

CERTIFICATO DI CONOSCENZA DELLA LINGUA ITALIANA

LIVELLO B1 CELI 2

PRIMO ESAME

PARTE A
PROVA DI COMPRENSIONE DELLA LETTURA
(punteggio della prova: 40 punti)

PARTE B
PROVA DI PRODUZIONE DI TESTI SCRITTI
(punteggio della prova: 40 punti)

TEMPO: 2 ore

ATTENZIONE!
Inserire tutte le risposte negli appositi Fogli delle Risposte
Scrivere in modo chiaro e leggibile
Annerire le caselle secondo le istruzioni
Utilizzare esclusivamente la penna

PARTE A — PROVA DI COMPRENSIONE DELLA LETTURA

A.1 Leggere i testi da 1 a 7 e scegliere la risposta giusta fra A, B o C. Indicare nel **Foglio delle Risposte**, vicino al numero del testo, la lettera corrispondente alla risposta scelta.

Esempio

| 0 | Per il terzo anno torna FRUTTA NELLE SCUOLE: è un progetto europeo che vuole far conoscere agli studenti l'importanza del consumo di frutta e verdura. L'obiettivo è quello di far sapere a migliaia di giovani, con delle lezioni specifiche nelle scuole, perché è fondamentale consumare, fin da piccoli, questi prodotti ricchi di vitamine che li aiutano nella crescita. In Italia, con la partecipazione di 500 scuole, FRUTTA NELLE SCUOLE ha ottenuto un grande successo. |

FRUTTA NELLE SCUOLE è un progetto che

A si ripete ogni tre anni in tutte le scuole europee
B dà informazioni su una corretta abitudine alimentare
C consiglia agli studenti di mangiare sempre la frutta a scuola

Risposta: **A.1** 0 A **B** C

---

1 FORUM: quando hai preso una multa ingiusta?

Sono Rino, un musicista di Genova, e vorrei raccontare quello che mi è successo sul treno Roma-Genova. Il mezzo doveva ancora partire quando è arrivato il controllore: prima ha guardato il mio biglietto e poi la chitarra che avevo con me. *«Questo strumento occupa molto spazio. Lei deve pagare 50,00 euro di multa o scendere dal treno!»*, mi ha ordinato l'uomo. Io non sapevo cosa dire ed ho preferito pagare, visto che era l'ultima partenza per Genova. Poi, grazie al consiglio di un passeggero, ho scritto alla Direzione di Trenitalia e, proprio ieri, ho saputo che l'azienda mi rimborserà i soldi.

Rino, quando partecipa a questo FORUM,

A spiega perché ha scelto di rimanere in quel treno
B fa sapere a Trenitalia cosa gli è successo durante il viaggio
C ringrazia la persona che gli ha fatto avere il rimborso della multa

2 LETTERA ALLA REDAZIONE DI UN GIORNALE

Gentile Direttore,
quest'estate sono andato in vacanza al mare con i miei bambini. Ho scelto una spiaggia pulitissima, a due passi da Venezia. Appena sono arrivato ho letto il cartello con su scritto: È VIETATO FARE CASTELLI DI SABBIA. A quel punto, con grande dispiacere, ho dovuto portare i miei figli in un altro luogo. Già in molte spiagge i bambini non possono giocare a pallone, correre e gridare per non disturbare gli adulti, ma vietare anche i giochi con la sabbia non è accettabile! Lei, al posto mio, in quale spiaggia porterebbe i Suoi figli per farli divertire in piena libertà?

Un papà dispiaciuto

Nella lettera, il papà

- [A] manifesta il dispiacere dei figli di fronte ai vari divieti
- [B] spiega perché i figli hanno deciso di cambiare luogo
- [C] chiede un consiglio per migliorare le vacanze dei figli

3 NOTIZIE DAL WEB

Dei ricercatori statunitensi hanno fatto uno studio sulla qualità del sonno di 40 proprietari di cani che, abitualmente, lasciavano dormire l'animale nella loro camera. Dopo aver esaminato il sonno di queste persone, hanno compreso che se il cane non saliva sul letto, dormivano meglio; invece chi aveva il cane sul letto non riusciva a dormire bene a causa dei continui movimenti dell'animale. Tutte le persone però hanno affermato che la presenza del cane in camera le faceva sentire più tranquille e sicure.

Questo studio fa sapere

- [A] dove deve riposare il cane per farlo dormire meglio
- [B] come il cane può disturbare il sonno del proprio padrone
- [C] perché le persone che hanno un cane si sentono più sicure

4 DAL BLOG: Le bambole di Luisa

Siccome a 33 anni ancora non riuscivo a trovare un impiego fisso per poter essere economicamente indipendente, ho pensato di aprire una singolare attività artigianale al centro di Pisa che, ancora oggi, ha molto successo. Nel negozio creo e vendo bambole di stoffa che hanno una particolarità: somigliano alle persone che le riceveranno in regalo. Fidanzati, amici, genitori e clienti di ogni tipo che vogliono regalarne una, devono semplicemente portarmi una foto con il viso del festeggiato. Oggi sono in tanti a volere le mie bambole, perché sono un regalo veramente unico!

Luisa, a 33 anni,

- [A] ha preso una decisione importante per il suo futuro lavorativo
- [B] ha pensato di creare alcune bambole che somigliano ai clienti
- [C] ha lasciato il lavoro per iniziare una propria attività artigianale

5 BENE A SAPERSI Rubrica di consigli, informazioni e istruzioni

Chi ha detto che il caffè fa male? Se è di qualità e lo beviamo con moderazione ha vari effetti benefici. Ma quanti caffè possiamo bere al giorno? Dipende dal nostro peso. Bisogna sapere che non possiamo superare i 3 milligrammi di caffeina per chilo, che in una tazzina di caffè del bar ci sono 40 milligrammi di caffeina, nel caffè americano ce ne sono 115, mentre in quello preparato a casa con la moka 70. Quindi, se una persona pesa 60 chili, potrà bere al massimo quattro tazzine di caffè del bar o due tazzine di caffè della moka oppure una tazza di quello americano.

La rubrica *Bene a sapersi*

- [A] dà dei consigli sulla qualità di caffè che bisogna bere per stare bene
- [B] dà delle informazioni sulla giusta quantità di caffè da prendere
- [C] dà delle istruzioni su come preparare un buon caffè da bere

6 QUALI STRUMENTI TECNOLOGICI USI?

ISA	ANTONIO	FLAVIA
Io ho un rapporto particolare con i vari strumenti tecnologici: uso soprattutto il computer e l'iPad, un po' per lavoro e un po' per comunicare con la mia famiglia che vive all'estero. Invece, durante il periodo delle vacanze, quando mi trasferisco nella casa che possiedo in campagna, spengo tutto e mi dedico alle mie passioni, come la lettura e il giardinaggio.	Io sono una persona super tecnologica: ho un moderno eBook, due cellulari, un computer e un tablet che uso, giornalmente, sia per i miei studi universitari che per comunicare con amici e colleghi. Nel tempo libero, invece, insegno a mio nonno che ha 75 anni come usare le *app*, WhatsApp o Skype, visto che lui non ama molto la tecnologia.	Io sono impiegata in una fabbrica automobilistica. Non ho mai mostrato tanto interesse per la tecnologia, perché non ne sentivo la necessità. Poi, un'amica mi ha regalato uno smartphone, ricco di funzioni e applicazioni. Da allora lo porto sempre con me, perché ho scoperto che è molto utile e mi aiuta a non sentirmi sola, soprattutto durante i miei viaggi di lavoro.

Chi ha cambiato la propria idea sull'uso degli strumenti tecnologici?

- [A] Isa
- [B] Antonio
- [C] Flavia

7

Non tutti sanno che la pallacanestro, conosciuta all'estero con la parola inglese *basket*, è il secondo sport più popolare in Italia, dopo il calcio. Oltre 450.000, tra ragazzi e bambini, praticano questo sport e sono in continuo aumento, perché hanno scoperto che è un grande piacere giocare insieme a tanti altri soltanto con una palla e un canestro. È uno sport di squadra con delle regole ben precise che aiuta a socializzare e anche a migliorare il proprio fisico.

Il testo

- [A] afferma che il basket è più conosciuto del calcio
- [B] precisa come si gioca in questo sport di squadra
- [C] spiega il motivo del successo della pallacanestro

A.2 Leggere il testo. Solamente alcune affermazioni, da 8 a 17, corrispondono a informazioni presenti nel testo.
Indicare nel **Foglio delle Risposte**, vicino al numero dell'affermazione,
[Sì] se è presente,
[No] se non è presente.

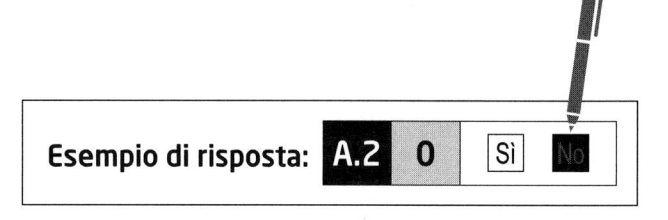

Esempio di risposta: **A.2** 0 [Sì] [No]

L'ESPERIENZA DI ALDO NEGLI USA

Sono Aldo e vorrei raccontare la mia esperienza. Due anni fa, per imparare la lingua inglese ho deciso di partire per gli Stati Uniti e vivere presso una famiglia. In Italia frequentavo la facoltà di Economia e Marketing a Bologna, avevo una ragazza, un lavoro e un appartamento: insomma avevo tutto, ma non mi sentivo soddisfatto! Quando una coppia di amici statunitensi di mio padre, lui ingegnere e lei insegnante, ha saputo del mio progetto, mi hanno offerto la loro ospitalità. Ho accettato senza pensarci due volte e così mi sono trasferito in Virginia, a mezz'ora di macchina da Washington. Abitavo con loro e, in cambio di vitto e alloggio, mi occupavo dei loro due figli, di otto e sei anni, proprio come un vero baby-sitter. Con i bambini mi sono trovato molto bene e fra noi si era creato un bel rapporto di amicizia: la mattina gli preparavo la colazione, li accompagnavo a scuola e li riprendevo, facevamo passeggiate a piedi o in bicicletta, giocavamo con la PlayStation e li aiutavo nei compiti. Quando questa esperienza indimenticabile si è conclusa, sono rientrato in Italia. Adesso sto cercando di ottenere nuovamente il visto per ritornare negli Stati Uniti, questa volta per frequentare dei corsi di marketing e mi piacerebbe anche trovare un'occupazione per mantenermi. Ormai mi sono così tanto abituato alla vita americana che desidero soltanto vivere lì, per sempre!

8 Aldo spiega perché ha pensato di trasferirsi all'estero

9 Aldo lavorava a Bologna, vicino all'università

10 Delle persone straniere hanno dato una grande opportunità al ragazzo

11 Aldo usa sempre la macchina per spostarsi

12 Aldo descrive quali erano i suoi impegni quotidiani

13 I bambini avevano poca voglia di studiare

14 Aldo era molto dispiaciuto, quando è partito dagli Stati Uniti

15 Aldo desidera continuare a studiare all'estero

16 Aldo vorrebbe lavorare per vivere negli Stati Uniti

17 Aldo pensa di trasferirsi definitivamente negli Stati Uniti

A.3 Completare le frasi da 18 a 22. Scegliere la parola giusta fra le quattro proposte A, B, C o D. Indicare nel **Foglio delle Risposte**, vicino al numero della frase, la lettera corrispondente alla parola scelta.

Esempio di risposta: **A.3** 0 [A] [B] **[C]** [D]

18 Guido, ti accompagno dal dottore (18) posso.

- A appena
- B allora
- C mentre
- D già

19 Anna, (19) vieni a casa mia, ricordati di portare i libri per studiare insieme!

- A perciò
- B perché
- C se
- D oppure

20 Ho perso la tessera universitaria, (20) non posso andare alla mensa.

- A perciò
- B nemmeno
- C invece
- D anche

21 Ieri sera è andata via la luce (21) guardavamo un film interessante.

- A così
- B siccome
- C anche
- D mentre

22 Secondo me, dovresti prendere l'autobus delle 19 (22) quello delle 20.

- A ma
- B oppure
- C invece
- D che

Parte A - Prova di Comprensione della Lettura — PRIMO ESAME

A.4 Completare il testo da 23 a 32. Scegliere la parola giusta fra le tre proposte A, B o C. Indicare nel Foglio delle Risposte, vicino a ogni numero, la lettera corrispondente alla parola scelta.

Esempio di risposta: A.4 0 [A] [B] [C]

AIUTO, C'È UN SERPENTE!

I passeggeri di un volo partito da Roma e diretto a Città del Messico sono ancora sotto shock! Mentre (23) a bordo dell'aereo, comodamente seduti, all'improvviso hanno visto uscire dallo scaffale, dove avevano (24) le loro borse, un lungo serpente di colore verde. I passeggeri, impauriti dalla presenza dell'animale, (25) sono alzati, hanno cominciato a gridare, a chiedere aiuto all'equipaggio e poi (26) corsi verso la cabina del comandante. Le hostess cercavano di tranquillizzare tutti, mentre il serpente strisciava (27) le poltrone dell'aereo. Fortunatamente, la brutta avventura (28) finita bene: il comandante dell'aereo ha fatto un atterraggio di emergenza e i passeggeri sono scesi (29) aereo.

In seguito, il personale di uno zoo ha preso il serpente e l'ha (30) in una grande scatola per portarlo (31) un luogo più adatto.

I passeggeri, invece, hanno (32) dai giornali che il serpente appartiene a una specie velenosa.

23	A partivano	B viaggiavano	C andavano
24	A messo	B consegnato	C dato
25	A ci	B vi	C si
26	A sono	B hanno	C erano
27	A su	B tra	C con
28	A sarà	B era	C è
29	A dall'	B nell'	C sull'
30	A visto	B fermato	C chiuso
31	A da	B in	C di
32	A conosciuto	B saputo	C informato

Parte A - Prova di Comprensione della Lettura   PRIMO ESAME

A.5 Completare le frasi da, da 33 a 37, con i pronomi opportuni.
Indicare nel **Foglio delle Risposte**, vicino al numero della frase, il pronome scelto.

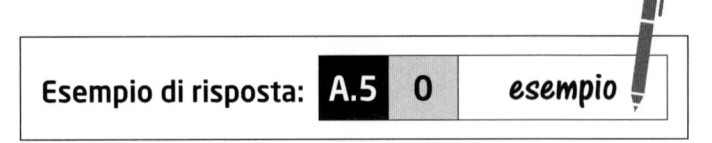

Esempio di risposta: **A.5** 0 *esempio*

33 Fuori piove e non ho l'ombrello. Lino, (33) presti tu per favore?

34 Giulia, (34) posso telefonare stasera verso le 20?

35 Sai che il treno parte alle 20? *Sì, (35) so, mi devo sbrigare.*

36 Abbiamo parlato con Lara, ma non (36) ha voluto dire la verità.

37 Ragazzi, (37) piacerebbe fare una gita di due giorni a Venezia?

PARTE B — PROVA DI PRODUZIONE DI TESTI SCRITTI

B.1 Rispondere al questionario.
Scrivere nel **Foglio delle Risposte** vicino al numero della domanda da 1 a 9.

Esempio di risposta: **B.1** 0 *esempio*

> Lei per partecipare al Forum I MIEI RICORDI
> deve rispondere alle domande del seguente questionario.

1. Qual è stato un momento felice della Sua infanzia?

2. Quale gioco Le piaceva fare da piccolo? Perché?

3. Quando Lei era piccolo, cosa desiderava fare da grande? Perché?

4. Di solito, cosa faceva insieme ai Suoi nonni?

5. Qual è la materia scolastica che Lei preferiva? Perché?

6. Qual è l'insegnante che ricorda con piacere? Perché?

7. A 15 anni, dopo la scuola, come passava il tempo libero?

8. Qual è stato il regalo più bello che ha ricevuto per i Suoi 18 anni e chi gliel'ha fatto?

9. Le è piaciuto rispondere a questo questionario su I MIEI RICORDI? Perché?

Parte B - Prova di Produzione di Testi Scritti   PRIMO ESAME

B.2 Scrivere un annuncio.
Scrivere nello spazio riservato a **B.2** nel **Foglio delle Risposte**. (Usare circa 50 parole)

> Lei, in casa, ha molti libri che non usa più per diversi motivi e quindi ha deciso di venderli. Scrive un annuncio sulla bacheca *online* del
>
> **MERCATINO DEI LIBRI USATI**

Nell'annuncio

- si presenta brevemente
- spiega perché non usa più i libri che ha deciso di vendere
- precisa quali libri vuole vendere e come li vuole spedire a chi li compra
- dà delle indicazioni su come contattarla

Scrivere nel **Foglio delle Risposte**

B.3 Scrivere una e-mail.
Scrivere nello spazio riservato a **B.3** nel **Foglio delle Risposte**.

(Da un minimo di 90 a un massimo di 100 parole)

> Lei ha trascorso un piacevole fine settimana in campeggio con alcuni amici. Mancava soltanto il Suo amico italiano Marco che, per motivi di lavoro, è rimasto in città.
> Al ritorno dal campeggio, Lei decide di scrivere un'e-mail a Marco per raccontargli cosa ha fatto con i Suoi amici.

Nell'e-mail

- esprime a Marco il Suo dispiacere perché non è potuto venire in campeggio
- gli spiega cosa ha fatto in campeggio con gli amici
- gli racconta cosa Le è successo di particolare in campeggio
- gli propone di fare qualcosa insieme nel prossimo fine settimana e lo saluta

Scrivere nel **Foglio delle Risposte**

2° FASCICOLO

Università per Stranieri di Perugia

CVCL — CENTRO VALUTAZIONE CERTIFICAZIONI LINGUISTICHE
Università per Stranieri di Perugia

ALTE

CERTIFICATO DI CONOSCENZA DELLA LINGUA ITALIANA

LIVELLO B1 CELI 2
PRIMO ESAME

PARTE C
PROVA DI COMPRENSIONE DELL'ASCOLTO
(punteggio della prova: 40 punti)

TEMPO: 20 minuti

ATTENZIONE!
Inserire tutte le risposte negli appositi Fogli delle Risposte
Scrivere in modo chiaro e leggibile
Annerire le caselle secondo le istruzioni
Utilizzare esclusivamente la penna

PARTE C — PROVA DI COMPRENSIONE DELL'ASCOLTO

C.1 Ascoltare i messaggi pubblicitari da 1 a 4 e scegliere la risposta giusta fra A, B o C. Indicare nel **Foglio delle Risposte**, vicino al numero del testo, la lettera corrispondente alla risposta scelta.
Ascolterete i testi due volte.

Esempio di risposta: **C.1** 0 [A] [■B] [C]

1 La biblioteca *Osvaldo*
- A è riservata alle persone che studiano
- B offre differenti attività in base all'età
- C si trova in varie scuole del nord Italia

2 L'iniziativa *La Grande Spesa*
- A aiuta chi si trova in difficoltà
- B vende dei prodotti economici
- C cerca altri volontari in ogni città

3 L'agenzia turistica *Liberamente* propone
- A una gita per le persone di ogni età
- B una vacanza estiva di una settimana
- C un corso sportivo in un campeggio

4 Questa pubblicità
- A descrive le foto che sono presenti nei Musei Vaticani
- B dà un'informazione sul contenuto del libro *Arte a Roma*
- C fa sapere il costo del biglietto d'ingresso nei musei di Roma

Parte C - Prova di Comprensione dell'Ascolto

C.2 Ascoltare le notizie di vario tipo da 5 a 8 e scegliere la risposta giusta fra A, B o C. Indicare nel **Foglio delle Risposte**, vicino al numero del testo, la lettera corrispondente alla risposta scelta.
Ascolterete i testi due volte.

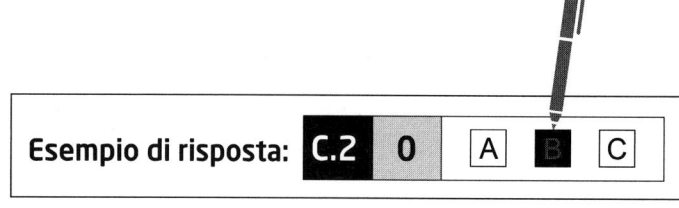

Esempio di risposta: **C.2** 0 A **B** C

5 Il testo fa sapere agli studenti
- A che ci vuole una pausa più lunga per mangiare
- B quali abitudini alimentari devono cambiare
- C quando è meglio fare sport durante il giorno

6 Una turista, in un paese dell'Umbria,
- A ha perso un oggetto personale
- B ha restituito i soldi del poliziotto
- C ha ricevuto un invito particolare

7 Dei giovani, durante il viaggio,
- A hanno visitato tutte le città della Toscana
- B hanno incontrato delle persone gentili
- C hanno camminato per dieci giorni

8 Se ascolti questo messaggio, puoi sapere
- A come capire qual è l'animale da prendere
- B perché le persone abbandonano gli animali
- C cosa fare per ringraziare chi trova un cane

Parte C - Prova di Comprensione dell'Ascolto

C.3 Ascoltare i due testi.

Primo testo

Ascoltare un'intervista a un giovane cantante italiano. Solamente alcune frasi, da 9 a 23, sono presenti nel testo. Indicare nel **Foglio delle Risposte**, vicino al numero della frase,

- Sì se è presente la stessa frase ascoltata,
- No se non è presente la stessa frase ascoltata.

Ascolterete il testo una volta.

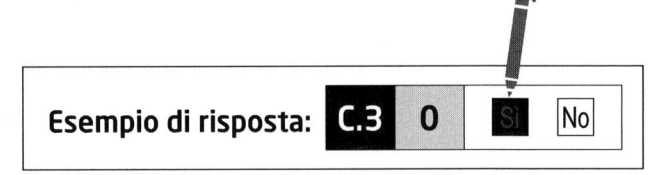

Esempio di risposta: C.3 0 Sì No

9	adesso è il suo lavoro
10	canto le canzoni di altri cantanti
11	quando non riesco a dormire, ascolto la musica
12	prendo la mia moto
13	faccio molte foto ai miei amici
14	la sera torniamo a casa
15	mia madre ha studiato canto
16	mi ha insegnato a vivere onestamente
17	mia madre ha un'amica che scrive canzoni
18	mio fratello è più grande di otto anni
19	organizza i miei concerti
20	vorrei andarci da solo
21	da piccolo mi piaceva fare i regali
22	ho bei ricordi della mia infanzia
23	vorrei avere una ragazza che canta

C.3

Secondo testo

Ascoltare cosa è successo a uno studente italiano. Solamente alcune affermazioni, da 24 a 33, corrispondono al contenuto del testo SENZA RIPETERE NECESSARIAMENTE LE STESSE PAROLE. Indicare nel **Foglio delle Risposte**, vicino al numero dell'affermazione,

- Sì se è presente nel testo il contenuto dell'affermazione,
- No se non è presente nel testo il contenuto dell'affermazione.

Ascolterete il testo due volte.

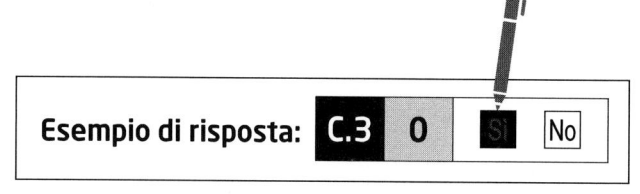

Esempio di risposta: C.3 0 Sì No

24 A Sandro piace studiare la matematica

25 Sandro aveva lasciato qualcosa in palestra

26 Sandro non ricordava dove aveva messo il suo cellulare

27 Nel fine settimana la scuola è chiusa

28 Sandro ha comprato i biscotti al bar della scuola

29 Sandro ha fatto i compiti per la scuola

30 Il ragazzo ha trovato un modo per dormire

31 Il personale delle pulizie ha trovato il cellulare di Sandro

32 Sandro è tornato a casa con i suoi genitori

33 Sandro ha voluto raccontare la sua storia ai giornalisti

PRIMO ESAME

PROVA DI PRODUZIONE ORALE

Prova di Produzione Orale PRIMO ESAME

FOTO DA DESCRIVERE

56 CELI 2

Prova di Produzione Orale PRIMO ESAME

COMPITO COMUNICATIVO

Lei si trova in vacanza in Italia e un giorno si accorge di non avere più il Suo portafoglio. Decide di andare all'ufficio OGGETTI SMARRITI per fare una denuncia e parla con un'impiegata: le spiega cosa Le è successo, le racconta che cosa ha fatto quel giorno, le dice dove pensa di averlo perso, quanti soldi e quali documenti ci sono ecc.

PRIMO ESAME

FOGLI DELLE RISPOSTE

Fogli delle Risposte — PRIMO ESAME

Università per Stranieri di Perugia

CVCL — CENTRO VALUTAZIONE CERTIFICAZIONI LINGUISTICHE
Università per Stranieri di Perugia

A L T E

Foglio delle Risposte - Livello B1 CELI 2

Cognome

Nome

Firma del candidato (leggibile)

B1 CELI2

Istruzioni per la compilazione
Indicare una sola risposta.
Usare la penna nera o blu per annerire la casella COSÌ: ■ SÌ

Esempi di compilazione errata
NO   NO   NO   NO

PARTE A — Prova di comprensione della lettura — RISPOSTE

A.1
1	A	B	C
2	A	B	C
3	A	B	C
4	A	B	C
5	A	B	C
6	A	B	C
7	A	B	C

A.2
8	Sì	No
9	Sì	No
10	Sì	No
11	Sì	No
12	Sì	No
13	Sì	No
14	Sì	No
15	Sì	No
16	Sì	No
17	Sì	No

A.3
18	A	B	C	D
19	A	B	C	D
20	A	B	C	D
21	A	B	C	D
22	A	B	C	D

A.4
23	A	B	C
24	A	B	C
25	A	B	C
26	A	B	C
27	A	B	C
28	A	B	C
29	A	B	C
30	A	B	C
31	A	B	C
32	A	B	C

A.5 — Non scrivere qui

| 33 |
| 34 |
| 35 |
| 36 |
| 37 |

Fogli delle Risposte **PRIMO ESAME**

Università per Stranieri di Perugia

CVCL — CENTRO VALUTAZIONE CERTIFICAZIONI LINGUISTICHE
Università per Stranieri di Perugia

ALTE

Foglio delle Risposte - Livello B1 CELI 2

| PARTE B | Prova di produzione di testi scritti | RISPOSTE |

B.1

1.
2.
3.
4.
5.
6.
7.
8.
9.

B.2

....
....
....
....
....
....
....
....
....
....
....
....
....
....

Non scrivere sotto questa linea

B.1
[0] [1] [2] [3] [4] [5]

B.2
[0] [1] [2] [3] [4] [5] [6] [7]
[8] [9] [10] [11] [12] [13] [14] [15]

Fogli delle Risposte

PRIMO ESAME

Università per Stranieri di Perugia

CVCL — CENTRO VALUTAZIONE CERTIFICAZIONI LINGUISTICHE
Università per Stranieri di Perugia

ALTE

Foglio delle Risposte - Livello B1 CELI 2

Cognome

Nome

Firma del candidato (leggibile)

PARTE B — Prova di produzione di testi scritti — RISPOSTE

B.3

Non scrivere sotto questa linea

B.3
| 0 | 1 | 2 | 3 | 4 | 5 | 6 | 7 | 8 | 9 | 10 | 11 | 12 | 13 | 14 | 15 | 16 | 17 | 18 | 19 | 20 |

62 CELI 2

Foglio delle Risposte - Livello B1 CELI 2

PARTE C — Prova di comprensione dell'ascolto

C.1

1	A	B	C
2	A	B	C
3	A	B	C
4	A	B	C

C.2

5	A	B	C
6	A	B	C
7	A	B	C
8	A	B	C

C.3 — 1° testo

9	Sì	No
10	Sì	No
11	Sì	No
12	Sì	No
13	Sì	No
14	Sì	No
15	Sì	No
16	Sì	No
17	Sì	No
18	Sì	No
19	Sì	No
20	Sì	No
21	Sì	No
22	Sì	No
23	Sì	No

C.3 — 2° testo

24	Sì	No
25	Sì	No
26	Sì	No
27	Sì	No
28	Sì	No
29	Sì	No
30	Sì	No
31	Sì	No
32	Sì	No
33	Sì	No

PRIMO ESAME

CHIAVI DI RISPOSTA

TRASCRIZIONI DEI TESTI DELLA PROVA DI COMPRENSIONE DELL'ASCOLTO

CHIAVI DEL PRIMO ESAME

A.1 1 : A   2 : C   3 : B   4 : A   5 : B   6 : C   7 : C
Punteggio: Punti 2 per ogni risposta corretta; Punti 0 per l'astensione o per ogni risposta errata

A.2 Sì : 8, 10, 12, 15, 16, 17
No : 9, 11, 13, 14
Punteggio: Punti 1 per ogni risposta corretta; Punti 0 per l'astensione o per ogni risposta errata

A.3 18 : A   19 : C   20 : A   21 : D   22 : B
Punteggio: come A.2

A.4 23 : B   24 : A   25 : C   26 : A   27 : B   28 : C   29 : A   30 : C   31 : B   32 : B
Punteggio: come A.2

A.5 33 : me lo   34 : ti   35 : lo   36 : ci   37 : vi
Punteggio: Punti 1 per ogni completamento corretto; Punti 0 per l'astensione o per ogni completamento errato

B.1 *Punteggio: da 0 a 5 punti*

B.2 *Punteggio: da 0 a 15 punti (assegnati secondo le relative scale di competenze)*

B.3 *Punteggio: da 0 a 20 punti (assegnati secondo le relative scale di competenze)*

C.1 1 : B   2 : A   3 : B   4 : B
Punteggio: Punti 2 per ogni risposta corretta; Punti 0 per l'astensione o per ogni risposta errata

C.2 5 : B   6 : C   7 : B   8 : A
Punteggio: come C.1

C.3 1° testo   Sì : 9, 12, 14, 16, 19, 20, 22
No : 10, 11, 13, 15, 17, 18, 21, 23
2° testo   Sì : 25, 26, 27, 29, 30, 32
No : 24, 28, 31, 33
Punteggio: Punti 1 per ogni risposta corretta; Punti 0 per l'astensione o per ogni risposta errata

N.B.: Per il calcolo del punteggio, vedi pagina 13.

TRASCRIZIONE DEI TESTI DELLA PROVA DI COMPRENSIONE DELL'ASCOLTO

Università per Stranieri di Perugia
Esame CELI 2 – Certificato di conoscenza della lingua italiana
Livello B1
PRIMO ESAME
Prova di Comprensione dell'Ascolto

Il candidato ha un minuto di tempo per guardare velocemente le attività presenti nel fascicolo.

Inizio della prova

C.1) *Ascolterete ora dei messaggi pubblicitari.*
Ascoltate attentamente e svolgete l'attività indicata nel foglio.
Ascolterete i testi due volte.

1. Addio alla vecchia biblioteca della scuola! Adesso c'è *Osvaldo*: una nuova biblioteca riservata non solo agli studenti, ma anche agli abitanti della città che vogliono leggere o prendere in prestito un libro. In questa biblioteca, il sabato mattina, i bambini possono ascoltare le loro favole preferite. La sera, invece, gli adulti possono seguire dei concerti di musica classica. La biblioteca *Osvaldo*, per il momento, è presente solo in una scuola di una città del nord Italia.

2. Continua anche domenica prossima l'iniziativa sociale *La grande spesa*. Chiunque potrà acquistare dei prodotti alimentari per dare una mano alle persone che hanno poche possibilità economiche. Alle casse dei supermercati di ogni città italiana, ci saranno dei giovani volontari che raccoglieranno la spesa di tutte le persone generose per poi consegnarla a chi ne ha veramente bisogno. L'iniziativa sociale *La grande spesa* ringrazia a nome di tutti!

3. Quest'estate l'agenzia turistica *Liberamente* propone ai ragazzi, dai 10 ai 18 anni, non la solita vacanza in famiglia, ma di partire in gruppo, con uno zaino sulle spalle, per passare sette giorni in un campeggio in mezzo alla natura. Qui i ragazzi potranno passeggiare, andare in bici, correre, fare sport liberamente e la sera cenare e divertirsi intorno a un grande fuoco. Tutte le informazioni sono sul sito www.liberamente.it.

4. Il libro *Arte a Roma* propone le foto di alcuni quadri dei pittori più famosi che si trovano nei Musei Vaticani della capitale. Accanto all'immagine c'è il racconto della vita dell'artista e la descrizione del dipinto che guideranno il lettore in un viaggio affascinante tra le opere preziose dei tempi antichi e dell'epoca moderna. Il libro *Arte a Roma* è disponibile in italiano, inglese e spagnolo. Si trova in vendita presso i negozi che sono all'ingresso dei Musei di Roma, al prezzo di 19,90 euro.

C.2) *Ascolterete ora delle notizie di vario tipo.*
Ascoltate attentamente e svolgete l'attività indicata nel foglio.
Ascolterete i testi due volte.

5. Gli studenti, di solito, durante la breve pausa fra una lezione e l'altra, mangiano velocemente un panino al bar o la classica merendina al cioccolato dei distributori automatici. Secondo i medici, invece, i giovani dovrebbero eliminare questi spuntini ricchi di grassi e di zuccheri che fanno male alla loro salute e consumare cibi più sani. Inoltre, consigliano a tutti i giovani di fare una ricca colazione, perché hanno bisogno di molta energia durante la giornata sia per studiare che per fare sport.

6. Una turista, mentre stava percorrendo le stradine di un paese dell'Umbria, ha trovato per strada un portafoglio. L'ha raccolto e l'ha consegnato a un agente di Polizia. Quando il poliziotto ha aperto il portafoglio, ha visto che dentro c'erano 500 euro insieme alla carta d'identità del sindaco del paese. Così, il poliziotto ha restituito il tutto al sindaco che ha subito voluto conoscere la turista e, per ringraziarla, le ha chiesto di pranzare con lui in un ristorante tipico del luogo.

7. L'estate scorsa, dieci giovani, sui 25 anni, hanno fatto un viaggio particolare: hanno camminato per 500 chilometri lungo le strade della Toscana, senza fermarsi quasi mai. Hanno attraversato alcune piccole città e spesso la gente del luogo gli offriva un panino o qualcosa da bere. I dieci ragazzi sono partiti di domenica e sono ritornati a casa di lunedì, dopo due settimane. Per loro è stata un'esperienza unica!

8. Sei un appassionato di animali? Vorresti tanto avere un cane o un gatto? Allora, non ti resta che visitare il RIFUGIO DEGLI ANIMALI. Qui ne troverai tanti, e quello che ti emozionerà di più a prima vista, sarà quello giusto da portare a casa con te. Nel RIFUGIO vivono soltanto animali che i loro padroni hanno abbandonato lungo le strade e che, adesso, hanno bisogno di una casa e di tanto affetto. Corri al RIFUGIO DEGLI ANIMALI e scegli il tuo amico a quattro zampe... lui ti ringrazierà per tutta la vita!

Trascrizioni dei Testi della Prova di Comprensione dell'Ascolto

PRIMO ESAME

C.3) 1° testo

Ascolterete ora un'intervista a un giovane cantante italiano.
Ascoltate attentamente e svolgete l'attività indicata nel foglio.
Ascolterete il testo una sola volta.

- Alessio, 23 anni, è un cantante pop, suona il pianoforte e la chitarra. La musica è sempre stata la sua grande passione e <u>adesso è il suo lavoro</u>. Alessio, quali sono i momenti della giornata che preferisci?
  ▶ Quando sono impegnato a scrivere i testi e la musica delle mie canzoni. A volte lavoro con i miei colleghi fino a mezzanotte... altre volte, invece, resto sveglio anche tutta la notte per trovare l'ispirazione per comporre la musica. Poi amo le domeniche pomeriggio quando, di solito, <u>prendo la mia moto</u> e, insieme a dei ragazzi appassionati di motociclette come me, vado in giro per le colline della Toscana. Ci fermiamo di tanto in tanto a fare delle foto, ad ammirare il panorama e a pranzare in qualche locale tipico. E, poi, <u>la sera torniamo a casa</u> felici d'aver vissuto una bella giornata.

- Chi è la persona più importante della tua vita?
  ▶ È di sicuro la mia mamma. Lei mi ha cresciuto, mi ha aiutato a diventare un cantante e mi è stata vicina nei momenti difficili della mia vita. <u>Mi ha insegnato a vivere onestamente</u> e ad essere indipendente. Io ho molti amici, ma posso dire che mia madre è la mia migliore amica e spero presto di scrivere una canzone per lei. Poi c'è mio fratello Giulio che è più grande di me. Lui, da circa 8 anni, si occupa del mio lavoro, delle interviste, delle mie apparizioni in televisione e <u>organizza i miei concerti</u>.

- Alessio, c'è qualcosa che hai sognato di fare e non hai ancora fatto?
  ▶ Certamente: un viaggio in moto lungo le strade degli Stati Uniti... un lungo viaggio avventuroso di un mese! E, questa volta, <u>vorrei andarci da solo</u>! Sarebbe un'esperienza interessante!

- Qual è il ricordo più caro della tua vita?
  ▶ Ce ne sono tanti... per esempio quando ero piccolo, mi piaceva tanto aprire i pacchetti dei regali che erano sotto l'albero di Natale... ricordo che provavo tanta felicità... <u>ho bei ricordi della mia infanzia</u>.

- In questo momento hai una ragazza?
  ▶ No, sono felicemente libero. Comunque mi piacerebbe avere una ragazza molto romantica, dolce, femminile e soprattutto appassionata di musica.

2° testo

Ascolterete ora cosa è successo a uno studente italiano.
Ascoltate attentamente e svolgete l'attività indicata nel foglio.
Ascolterete il testo due volte.

È la storia di Sandro, un diciottenne che frequenta il liceo scientifico a Milano.
Venerdì scorso, dopo l'ultima ora di lezione di matematica, il ragazzo ha preparato il suo zaino per tornare a casa. Prima di uscire però è andato nella palestra della scuola per prendere le scarpe da ginnastica che aveva dimenticato dopo una partita di pallacanestro. All'improvviso però la porta della palestra si è chiusa. Sandro ha cercato di aprirla ma... inutilmente! Allora, ha pensato di prendere il cellulare nel suo zaino, ma non c'era... forse l'aveva lasciato sul banco o al bar della scuola.
Il ragazzo ha cominciato a gridare, a bussare forte alla porta, ma nessuno l'ha sentito. Era preoccupato e cominciava ad avere paura. In questo liceo, le lezioni finiscono il venerdì e ricominciano il lunedì, quindi Sandro è rimasto in palestra per due giorni, sabato e domenica, senza poter avvisare la famiglia. Fortunatamente, all'interno della palestra c'è un bagno così, ha potuto bere e anche mangiare, visto che aveva con sé dei biscotti.
Sandro si è fatto coraggio ed ha cominciato a rilassarsi. Ma la giornata era lunga e, allora, ha aperto lo zaino, ha preso i libri e ha cominciato a fare gli esercizi di matematica e, poi, ha ripetuto le lezioni di storia e di italiano. La sera, stanco e sfinito, si è addormentato sopra un materasso e delle coperte che erano in palestra. Sandro ha atteso con pazienza il lunedì, fino a quando, alle 5 del mattino, il personale delle pulizie ha aperto la porta. A quel punto, ha potuto telefonare ai genitori che sono subito corsi a scuola per abbracciarlo e portarlo a casa.
La notizia di questa brutta avventura è finita sui giornali e all'improvviso Sandro è diventato famoso.

Fine della prova

SECONDO ESAME

PROVA SCRITTA

Parte **A**   Parte **B**   Parte **C**

⚠️
- **Prima di cominciare la prova**, ti consigliamo di leggere le **Informazioni utili per il candidato** a p. 15 e la **Guida per lo svolgimento delle prove d'esame** alle pp. 17-36.
- Quando svolgi la Prova scritta, usa i **Fogli delle Risposte** per trascrivere le tue risposte a pp. 92-95.
- Potrai ascoltare i testi che compongono la **Prova di Comprensione dell'Ascolto, Parte C** (C.1, C.2, C.3 primo e secondo testo) del secondo esame dall'inizio alla fine senza interruzioni per effettuare una simulazione dell'esame (traccia 9), oppure li potrai ascoltare singolarmente (tracce da 10 a 13).
- Troverai le **Chiavi di risposta** e le **Trascrizioni dei testi** della Prova di Comprensione dell'Ascolto del secondo esame alle pp. 98-100.
- Una volta terminata la Prova Scritta, svolgi la Prova di Produzione Orale del secondo esame alle pp. 88-89.

1° FASCICOLO

Università per Stranieri di Perugia

CVCL — CENTRO VALUTAZIONE CERTIFICAZIONI LINGUISTICHE
Università per Stranieri di Perugia

ALTE

CERTIFICATO DI CONOSCENZA DELLA LINGUA ITALIANA

LIVELLO B1 CELI 2

SECONDO ESAME

PARTE A
PROVA DI COMPRENSIONE DELLA LETTURA
(punteggio della prova: 40 punti)

PARTE B
PROVA DI PRODUZIONE DI TESTI SCRITTI
(punteggio della prova: 40 punti)

TEMPO: 2 ore

ATTENZIONE!
Inserire tutte le risposte negli appositi Fogli delle Risposte
Scrivere in modo chiaro e leggibile
Annerire le caselle secondo le istruzioni
Utilizzare esclusivamente la penna

PARTE A — PROVA DI COMPRENSIONE DELLA LETTURA

A.1 Leggere i testi da 1 a 7 e scegliere la risposta giusta fra A, B o C.
Indicare nel **Foglio delle Risposte**, vicino al numero del testo, la lettera corrispondente alla risposta scelta.

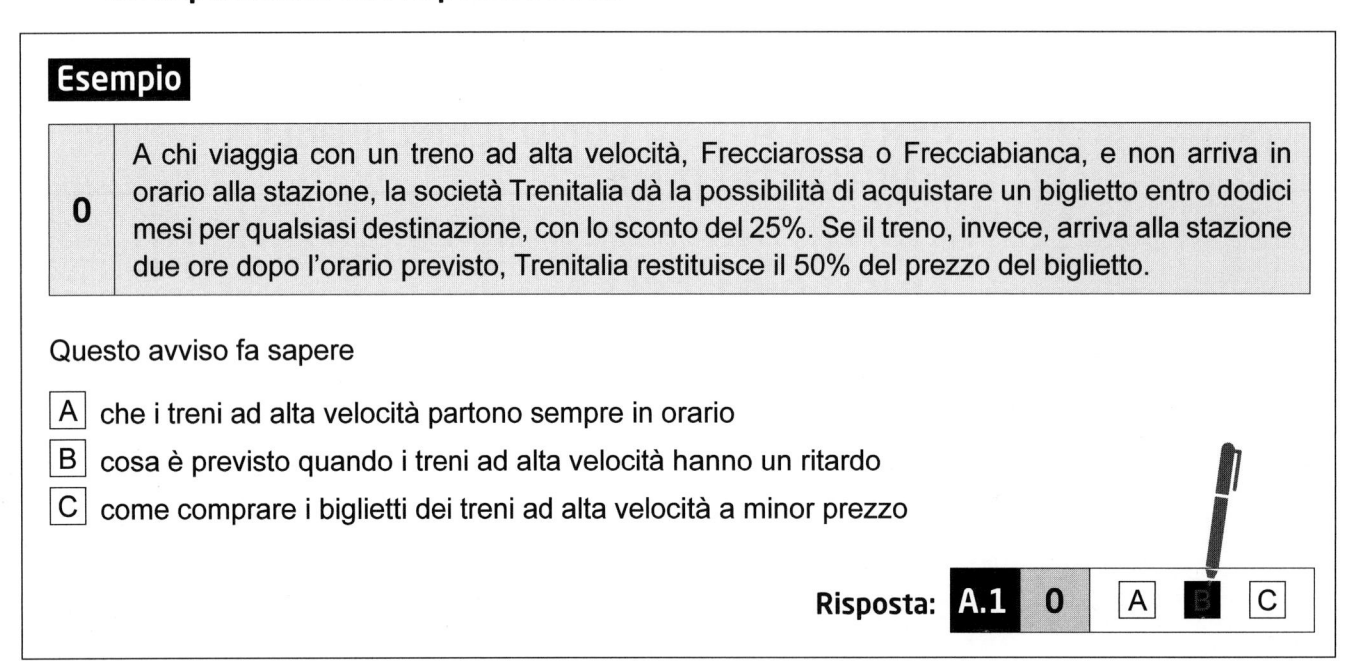

Esempio

0	A chi viaggia con un treno ad alta velocità, Frecciarossa o Frecciabianca, e non arriva in orario alla stazione, la società Trenitalia dà la possibilità di acquistare un biglietto entro dodici mesi per qualsiasi destinazione, con lo sconto del 25%. Se il treno, invece, arriva alla stazione due ore dopo l'orario previsto, Trenitalia restituisce il 50% del prezzo del biglietto.

Questo avviso fa sapere

A che i treni ad alta velocità partono sempre in orario
B cosa è previsto quando i treni ad alta velocità hanno un ritardo
C come comprare i biglietti dei treni ad alta velocità a minor prezzo

Risposta: **A.1 0** A **B** C

---

1 NOTIZIE DAL WEB

PISA. Ieri, in una banca della periferia della città è entrata una signora di circa 80 anni. Si è avvicinata alla cassa e, con una pistola in mano, ha gridato: «*Fermi tutti, questa è una rapina!*» I clienti, che si trovavano all'interno, hanno subito capito che era una pistola giocattolo e che la donna non era una vera ladra. Gli impiegati le hanno dato 100 euro e, mentre stava uscendo dalla banca, l'hanno fermata. L'anziana, che tremava per la paura, si è subito giustificata: «*Scusatemi, ma non avevo nemmeno un euro per acquistare i giocattoli a mio nipote!*» Gli impiegati hanno capito subito il disagio della donna e le hanno regalato 200 euro, senza chiamare la polizia.

La notizia fa sapere

A perché l'anziana donna aveva bisogno di soldi
B quanti euro la donna ha chiesto agli impiegati
C quando i clienti hanno avuto paura della donna

2 Se acquistiamo un prodotto *online*, possiamo evitare di aspettare a casa l'arrivo del pacco o di fare dei chilometri per andare al magazzino dove c'è la consegna della merce. Da oggi possiamo ritirare il pacco all'edicola più vicina alla nostra abitazione. Basta scrivere sul sito l'indirizzo dell'edicola che abbiamo scelto, aspettare un sms o un'email che ci informa dell'arrivo della merce e poi, in due minuti, possiamo ritirare quello che abbiamo ordinato, senza perdere molto tempo.

Il testo

A dà un consiglio a chi consegna i pacchi degli acquisti

B dà delle istruzioni su come scegliere la merce *online*

C dà un'informazione a chi vuole un servizio comodo

3 COMPOSIZIONE: **DESCRIVI IN BREVE UNA PERSONA DELLA TUA FAMIGLIA.**

Nonna Angela ha 98 anni, ha un carattere forte ed è felice soltanto se ogni giorno può uscire a fare due passi. Non importa se fuori c'è il sole o la pioggia. Da giovane ha lasciato la famiglia per trasferirsi a Roma dove, per guadagnare dei soldi, lavorava come domestica presso alcune famiglie. Ha avuto una vita difficile, ma è ancora attiva e fa pure qualche lavoretto, anche se ha dei problemi alla vista. Il mese scorso, però, un cane, per giocare con lei, l'ha fatta cadere. Lei, così, è rimasta a letto per molti giorni e io le ho fatto compagnia. A me piace stare con nonna Angela perché le voglio bene, poi porto il suo stesso nome e le somiglio.

Angela, nella sua composizione,

A ricorda un episodio che ha obbligato la nonna a farle compagnia

B racconta cosa faceva la nonna per vivere in un'altra città

C spiega perché alla nonna piace stare con la nipote

4 DAL QUOTIDIANO DEL SUD

Un'attrice italiana, in volo con un aereo privato verso la Grecia, visto che non c'erano altri passeggeri, ha pensato di fumare liberamente una sigaretta, nonostante il cartello con su scritto VIETATO FUMARE. Il fumo però ha fatto subito scattare l'allarme antincendio e il comandante ha dovuto fare un veloce atterraggio d'emergenza. La polizia dell'aeroporto ha interrogato l'attrice che ha confessato di avere fumato prima una sigaretta elettronica e poi una vera. Alla fine, la donna ha pagato una multa per il suo comportamento scorretto e per proseguire ha dovuto noleggiare un altro aereo.

Questa notizia fa sapere che

A i passeggeri hanno rispettato un divieto

B l'attrice ha potuto riprendere il suo viaggio

C la polizia dell'aeroporto ha fatto atterrare l'aereo

Parte A - Prova di Comprensione della Lettura   SECONDO ESAME

5 PERUGIA. Una bici trasformata e tanta passione per la lettura sono gli elementi che Michele usa per portare i libri sempre più vicino ai bambini. Si chiama LiberBici la libreria a pedali che accompagna Michele per strade, piazze e parchi, dove dà vita ai suoi spettacoli di narrazione. L'uomo parcheggia la bici con sopra 400 libri, sceglie una storia in base all'età degli spettatori, la legge e la interpreta. *"Sulla LiberBici ci sono diversi menu, come al ristorante: dalle fiabe ai grandi classici. Vorrei trasmettere la mia passione e aiutare i ragazzi a crescere con le mie letture"*, ha scritto Michele sul suo profilo Facebook, dove ci sono anche le date degli spettacoli.

Michele

A usa la bici per consegnare i 400 libri della LiberBici alle persone

B fa sapere quali letture della LiberBici preferiscono i bambini

C fa capire per quali motivi ha voluto creare la LiberBici

6 TI PIACE ANDARE AL CIRCO?

DANILO	ANGELA	FABIO
Da piccolo mi piaceva tanto andare al circo. Anche adesso, quando arriva nel mio paesino, ne sono felice. Il circo con gli animali non è solo una forma di spettacolo, ma anche un patrimonio culturale da far conoscere alle generazioni future, perché esiste da anni e in più mostra specie di animali che la gente può vedere soltanto in foto o in tv. Quello che non condivido è il costo eccessivo del biglietto, rispetto ad anni fa.	Io non porterei mai mio figlio al circo. Secondo voi, è importante vedere un elefante impaurito che si alza su due piedi? Per me no! Io sono per un circo senza animali. Ricordo che mio nonno mi ci portava ogni volta che arrivava in città e io ero felice di vedere gli spettacoli con tigri o cammelli. Adesso, da adulta, preferisco visitare una fattoria didattica dove gli animali vivono in libertà.	Tutti dicono che gli uomini trattano male gli animali dei circhi. Quando ci ho portato mio figlio, ho visto che gli animali sono puliti, hanno da mangiare e stanno per ore all'aria aperta. Inoltre, durante lo spettacolo mi sembravano felici di lavorare con gli uomini. Però quando ci andavo da piccolo c'erano più tigri e giraffe, invece ora più cani e cavalli. Comunque è sempre un'occasione per divertirsi.

Quale persona ha notato, a distanza di anni, una differenza negli spettacoli del circo?

A Danilo

B Angela

C Fabio

7 Dal prossimo mese, presso alcune aule dell'Istituto d'Arte Pistelli di una città del Centro Italia, prenderà il via un laboratorio teatrale pensato per i giovani tra i 14 e i 18 anni che mostrano di avere un talento artistico. Tutte le ragazze ed i ragazzi della città che potranno far parte di questo progetto avranno la possibilità di frequentare, gratuitamente, uno dei seguenti percorsi: scenografia, recitazione, scrittura e musica corale. I corsi avranno una durata di 150 ore e si terranno al di fuori dell'orario scolastico per permettere anche a chi studia di poter partecipare.

L'Istituto d'Arte Pistelli

A organizza dei laboratori soltanto in alcune scuole di una città italiana

B crea un progetto teatrale gratuito soltanto per i propri studenti

C offre delle lezioni particolari soltanto a chi ha certi requisiti

A.2 Leggere il testo. Solamente alcune affermazioni, da 8 a 17, corrispondono a informazioni presenti nel testo.

Indicare nel **Foglio delle Risposte**, vicino al numero dell'affermazione,

[Sì] se è presente,

[No] se non è presente.

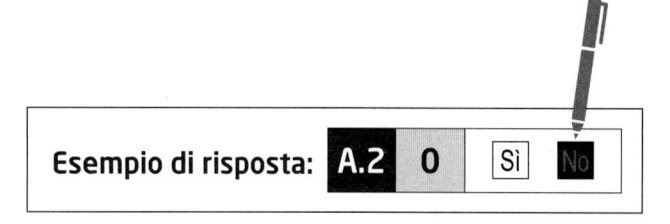

Esempio di risposta: **A.2** 0 [Sì] [No]

UN SUPER LAUREATO
LUIGI, 81 ANNI, FRA DUE GIORNI DISCUTERÀ LA SUA SESTA TESI

«La mia vita non è stata facile», racconta Luigi in un articolo per un giornale locale. «Ho trascorso molti anni, insieme alla mia famiglia, prima a Venezia e poi a Verona. Siccome non eravamo ricchi e i miei genitori non potevano pagare le tasse universitarie, da giovane ho fatto vari lavori per poter continuare i miei studi: sono stato operaio in una fabbrica di scarpe, cameriere in un ristorante, gelataio e perfino contadino.

La prima laurea in Lettere l'ho presa insieme a mia moglie: ricordo che era il 20 ottobre. Ho incontrato Paola, per la prima volta, fra i banchi universitari: ci siamo presentati, ci siamo subito innamorati, poi sposati e laureati. In seguito, è arrivata la laurea in Economia che ho preso sempre insieme a lei.

Dopo qualche anno ho conseguito la laurea triennale in Lingue Straniere, seguita dalle lauree magistrali in Storia moderna e Scienze storiche. Durante questi studi mi sono specializzato su Cartesio e il professor William Shea, titolare della cattedra galileiana all'Università di Padova, mi ha offerto un assegno di ricerca: per me è stato un grande riconoscimento, un momento molto bello della mia vita.

Tra due giorni discuterò la mia sesta tesi, in Giurisprudenza. Al momento di iscrivermi nuovamente all'università ero indeciso fra la facoltà di Giurisprudenza e quella di Filosofia. Alla fine, ho lasciato scegliere a mia moglie Paola.»

8	Luigi si è trasferito in altre città per motivi di lavoro
9	La famiglia aveva delle difficoltà economiche
10	Luigi ha aiutato i genitori nel loro lavoro
11	Luigi ha accettato di fare qualsiasi tipo di mestiere
12	Paola e Luigi si sono laureati in Lettere lo stesso giorno
13	Luigi ricorda dove ha conosciuto Paola
14	Paola ha frequentato il corso di Storia Moderna con Luigi
15	Luigi si è trasferito a Padova per finire i suoi studi su Cartesio
16	Luigi presto realizzerà un altro suo progetto
17	Luigi ha accettato la decisione della moglie

Parte A - Prova di Comprensione della Lettura   SECONDO ESAME

A.3 Completare le frasi da 18 a 22. Scegliere la parola giusta fra le quattro proposte A, B, C o D. Indicare nel Foglio delle Risposte, vicino al numero della frase, la lettera corrispondente alla parola scelta.

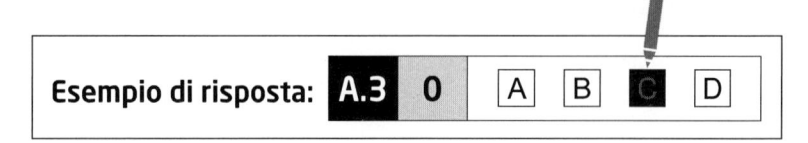

Esempio di risposta: A.3 0 [A] [B] [C] [D]

18 Gli studenti giocano con il cellulare, (18) di prendere gli appunti.

- A allora
- B oppure
- C invece
- D anche

19 (19) la mia macchina è rotta, chiedo ad un collega di passare a prendermi.

- A Perciò
- B Siccome
- C Mentre
- D Perché

20 Non mi piacciono le torte, i cioccolatini e (20) i gelati.

- A invece
- B allora
- C nemmeno
- D anche

21 Claudia, per favore, telefona alla stazione per sapere (21) parte il treno!

- A quando
- B appena
- C poiché
- D che

22 Lucio sbrigati! La lezione di italiano è (22) cominciata.

- A infatti
- B allora
- C però
- D appena

A.4 Completare il testo da 23 a 32. Scegliere la parola giusta fra le tre proposte A, B o C. Indicare nel Foglio delle Risposte, vicino a ogni numero, la lettera corrispondente alla parola scelta.

Esempio di risposta: A.4 0 [A] [B] [C]

UN REGALO INDIMENTICABILE

Portovenere, La Spezia. Tutti i giornali hanno parlato della cittadina di Portovenere per quello che è successo a una coppia di sposi. In una domenica (23) settembre, nella Chiesa di San Pietro, mentre due giovani si stavano sposando, una donna ha (24) a Gianna, l'organizzatrice della cerimonia: *«Mio marito vorrebbe fare un regalo (25) sposi: ha pensato di suonare e cantare una canzone per (26) . Può farlo?»*, *«Certamente!»* ha subito risposto Gianna. Così, il marito della donna ha (27) a cantare l'AVE MARIA di Schubert. Gli sposi e gli invitati, appena hanno sentito questa (28) conosciuta, si sono girati increduli: era proprio lui, il famoso Andrea Bocelli che (29) cantando! Il cantante, che si trovava in (30) a Portovenere con la famiglia, ha voluto regalare una canzone alla coppia di sposi, anche se non li (31) . Alla fine, tutto soddisfatto per la sua sorpresa, è (32) dalla chiesa in silenzio. Per gli sposi è stato un regalo indimenticabile!

23	A in	B di	C da
24	A affermato	B risposto	C chiesto
25	A agli	B ai	C a
26	A lei	B me	C loro
27	A deciso	B pensato	C iniziato
28	A nota	B voce	C parola
29	A sta	B starà	C stava
30	A partenza	B riposo	C vacanza
31	A conosceva	B incontrava	C sapeva
32	A arrivato	B uscito	C andato

Parte A - Prova di Comprensione della Lettura   SECONDO ESAME

A.5 Completare le frasi da, da 33 a 37, con i pronomi opportuni.
Indicare nel **Foglio delle Risposte**, vicino al numero della frase, il pronome scelto.

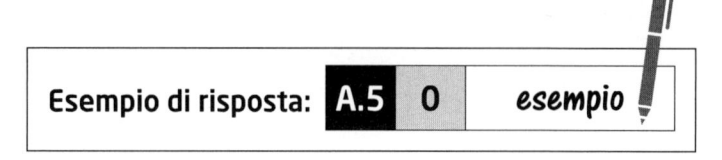

Esempio di risposta: | A.5 | 0 | *esempio* |

33 Se Alfredo ancora non sa la verità, ...(33)... devi dire subito!

34 Marta ha preparato dei biscotti al cioccolato e ...(34)... ha offerti agli amici.

35 Ragazzi, domani ...(35)... aspetto a casa mia e portate le foto delle vacanze!

36 Giulia, per fare questo dolce quante uova ...(36)... vogliono?

37 Signora, ...(37)... posso inviare un messaggio su Whatsapp?

Parte B - Prova di Produzione di Testi Scritti SECONDO ESAME

PARTE B PROVA DI PRODUZIONE DI TESTI SCRITTI

B.1 Rispondere al questionario.
Scrivere nel **Foglio delle Risposte** vicino al numero della domanda da 1 a 9.

Esempio di risposta: **B.1** 0 *esempio*

> Il sito di un'agenzia di viaggi Le ha inviato,
> sul Suo profilo Facebook, il questionario LA MIA CITTÀ.
> Lei decide di rispondere.

1 Descriva la Sua città con due aggettivi.

2 In quale stagione dell'anno è meglio visitare la Sua città? Perché?

3 Qual è un aspetto della Sua città che Le piace e un altro che non Le piace?

4 Cosa c'è di bello da vedere nella Sua città?

5 Lei come passa il tempo libero nella Sua città?

6 Cosa fanno i giovani della Sua città durante il fine settimana?

7 Qual è una ricetta tipica della Sua città e quali prodotti ci vogliono per cucinarla?

8 Quale consiglio darebbe a un turista che desidera trascorrere una vacanza nella Sua città?

9 Quando Lei parte per un viaggio all'estero, cosa Le manca di più della Sua città?

Parte B - Prova di Produzione di Testi Scritti   SECONDO ESAME

B.2 Rispondere a un annuncio.
Scrivere nello spazio riservato a **B.2** nel **Foglio delle Risposte**. (Usare circa 50 parole)

È da due giorni che Lei non ritrova più il suo gattino. In un giornale della Sua città, Lei ha letto il seguente annuncio e ha deciso di rispondere.

> Mi chiamo Giorgio.
> Ieri sera nel mio giardino ho trovato un gatto molto piccolo. Chi lo sta cercando può scrivermi all'indirizzo email giorgio.iro@...

Nella risposta

- si presenta brevemente
- descrive il gattino che ha perso
- spiega l'importanza di questo gattino per Lei e precisa chi gliel'ha regalato
- dà un appuntamento a Giorgio per vedere il gattino e, eventualmente, per riprenderlo

Scrivere nel **Foglio delle Risposte**

B.3 Scrivere una e-mail.
Scrivere nello spazio riservato a **B.3** nel **Foglio delle Risposte**.

(Da un minimo di 90 a un massimo di 100 parole)

> Lei ha fatto un sogno piacevole: ha vissuto una bella esperienza con la Sua amica Laura che non vede da molto tempo. Lei, allora, decide di scrivere un'e-mail a Laura per raccontarle il Suo sogno.

Nell'e-mail

- esprime a Laura il Suo dispiacere perché non vi vedete da molto tempo
- le spiega perché ha deciso di scrivere questa e-mail
- le racconta il sogno che ha fatto
- le promette di andare a trovarla presto e la saluta

Scrivere nel **Foglio delle Risposte**

2° FASCICOLO

Università per Stranieri di Perugia

CVCL CENTRO VALUTAZIONE CERTIFICAZIONI LINGUISTICHE
Università per Stranieri di Perugia

ALTE

CERTIFICATO DI CONOSCENZA DELLA LINGUA ITALIANA

LIVELLO B1 CELI 2

SECONDO ESAME

PARTE C
PROVA DI COMPRENSIONE DELL'ASCOLTO
(punteggio della prova: 40 punti)

TEMPO: 20 minuti

ATTENZIONE!
Inserire tutte le risposte negli appositi Fogli delle Risposte
Scrivere in modo chiaro e leggibile
Annerire le caselle secondo le istruzioni
Utilizzare esclusivamente la penna

Parte C - Prova di Comprensione dell'Ascolto   SECONDO ESAME

PARTE C   PROVA DI COMPRENSIONE DELL'ASCOLTO

C.1 Ascoltare i messaggi pubblicitari da 1 a 4 e scegliere la risposta giusta fra A, B o C. Indicare nel **Foglio delle Risposte**, vicino al numero del testo, la lettera corrispondente alla risposta scelta.
Ascolterete i testi due volte.

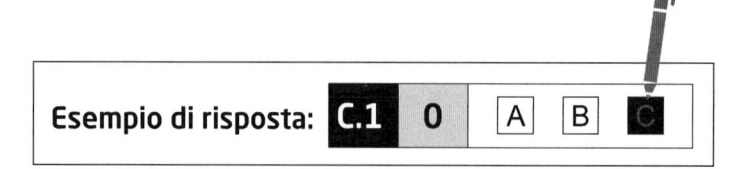

Esempio di risposta: C.1 0 [A] [B] [■C]

1 INVIAGGIO è

[A] un'agenzia online che organizza viaggi economici

[B] una rivista che dà diverse informazioni turistiche

[C] un albergo dove trascorrere un bel fine settimana

2 La pubblicità su I PRIMI D'ITALIA fa sapere

[A] qual è la durata della manifestazione

[B] cosa succede durante questa manifestazione

[C] che i cuochi premiano il piatto migliore della manifestazione

3 Il testo

[A] consiglia di cambiare cellulare per avere più giochi

[B] spiega come scaricare i giochi da Internet

[C] presenta alcuni tipi di giochi gratuiti

4 Gli studenti, alla libreria ALTRA, potranno acquistare

[A] un biglietto per andare al cinema con 6 euro

[B] dei libri e poi andare al cinema con 3 euro

[C] una bibita al bar del cinema a metà prezzo

Parte C - Prova di Comprensione dell'Ascolto SECONDO ESAME

C.2

Ascoltare delle persone che parlano delle loro vacanze nei testi da 5 a 8 e scegliere la risposta giusta fra A, B o C. Indicare nel **Foglio delle Risposte**, vicino al numero del testo, la lettera corrispondente alla risposta scelta. Ascolterete i testi due volte.

Esempio di risposta: **C.2** 0 | A | **B** | C

5 Flavia, durante l'estate,

A va in vacanza al mare con la sua famiglia

B riesce a fare tutto quello che le piace

C insegna a suonare uno strumento

6 Alberto

A ha fatto una vacanza con amici di culture diverse

B è stato in vacanza in Australia per un anno

C ha già progettato la prossima vacanza

7 Barbara preferisce

A fare una vacanza quando si sente annoiata

B evitare di andare all'estero con gli italiani

C conoscere meglio il proprio Paese

8 Francesco dice che, in vacanza,

A evita qualunque contatto con il lavoro

B continua a usare la sua macchina

C sceglie gli stessi luoghi degli altri

Parte C - Prova di Comprensione dell'Ascolto   SECONDO ESAME

C.3 Ascoltare i due testi.

Primo testo

Ascoltare un testo sull'importanza del ballo. Solamente alcune frasi, da 9 a 23, sono presenti nel testo. Indicare nel **Foglio delle Risposte**, vicino al numero della frase,

|Sì| se è presente la stessa frase ascoltata,

|No| se non è presente la stessa frase ascoltata.

Ascolterete il testo una sola volta.

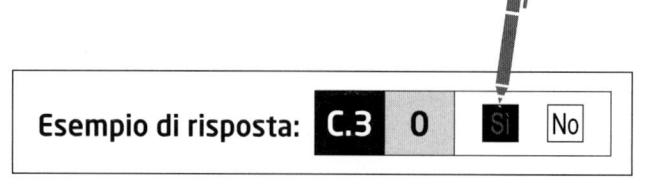

Esempio di risposta: **C.3** 0 |Sì| |No|

9	gli studenti dovrebbero cominciare a ballare
10	andate a scuola anche di pomeriggio
11	farà bene al vostro fisico
12	andate in palestra con gli amici
13	non è importante essere dei bravi ballerini
14	potete fare una festa a casa vostra
15	ballare fa perdere peso
16	vi sentirete meglio e più tranquilli
17	ci sono molte persone nei corsi di ballo
18	scegliete il tipo di ballo che preferite
19	andate al corso per tre settimane
20	i vostri amici studiano in un'altra città
21	vi sentite un po' soli
22	scoprite altri Paesi del mondo
23	ballare aiuta a sentirvi più felici

C.3

Secondo testo

🎧 Ascoltare un'intervista a una ragazza che parla dei suoi cani. Solamente alcune affermazioni, da 24 a 33, corrispondono al contenuto del testo SENZA RIPETERE NECESSARIAMENTE LE STESSE PAROLE. Indicare nel **Foglio delle Risposte**, vicino al numero dell'affermazione,

- Sì se è presente nel testo il contenuto dell'affermazione,
- No se non è presente nel testo il contenuto dell'affermazione.

Ascolterete il testo due volte.

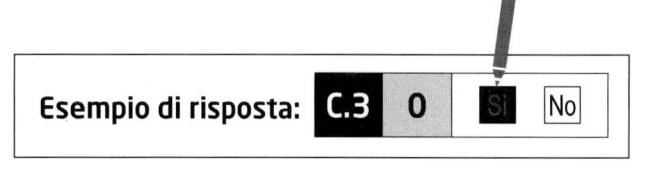

Esempio di risposta: C.3   0   **Sì**   No

---

24   Michela con i suoi cani prende diversi mezzi

25   I genitori di Michela hanno problemi con il loro cane

26   Michela preferisce fare le vacanze al mare

27   La figlia di Michela desiderava un animale

28   La figlia viveva negli Stati Uniti

29   Michela ricorda quando ha preso i due cani

30   Michela cucina il cibo per i suoi cani

31   Michela racconta cosa fa per i suoi cani

32   Michela si riposa sempre un paio d'ore

33   Michela ha voglia di prendere un altro cane

SECONDO ESAME

PROVA DI PRODUZIONE ORALE

Prova di Produzione Orale

SECONDO ESAME

FOTO DA DESCRIVERE

COMPITO COMUNICATIVO

Il Suo corso di lingua italiana in Italia è finito e Lei deve tornare nel Suo Paese. Allora ne parla con la Sua amica italiana, le comunica la data della Sua partenza, le dice quanto è dispiaciuta per la fine di questa Sua esperienza in Italia e ricorda un episodio divertente che avete vissuto insieme. Infine, manifesta il desiderio di tornare presto in Italia e invita la Sua amica nel Suo Paese.

SECONDO ESAME

FOGLI DELLE RISPOSTE

Fogli delle Risposte **SECONDO ESAME**

Università per Stranieri di Perugia

CVCL — CENTRO VALUTAZIONE CERTIFICAZIONI LINGUISTICHE
Università per Stranieri di Perugia

A L T E

Foglio delle Risposte - Livello B1 CELI 2

Cognome

Nome

Firma del candidato (leggibile)

B1 CELI2

Istruzioni per la compilazione
Indicare una sola risposta.
Usare la penna nera o blu per annerire la casella COSÌ: ■ SÌ

Esempi di compilazione errata
〰 NO   ✗ NO   • NO   ⊠ NO

PARTE A — Prova di comprensione della lettura — RISPOSTE

A.1				A.2			A.3					A.4			
1	A	B	C	8	Sì	No	18	A	B	C	D	23	A	B	C
2	A	B	C	9	Sì	No	19	A	B	C	D	24	A	B	C
3	A	B	C	10	Sì	No	20	A	B	C	D	25	A	B	C
4	A	B	C	11	Sì	No	21	A	B	C	D	26	A	B	C
5	A	B	C	12	Sì	No	22	A	B	C	D	27	A	B	C
6	A	B	C	13	Sì	No						28	A	B	C
7	A	B	C	14	Sì	No						29	A	B	C
				15	Sì	No						30	A	B	C
				16	Sì	No						31	A	B	C
				17	Sì	No						32	A	B	C

A.5	Non scrivere qui
33	
34	
35	
36	
37	

Fogli delle Risposte

SECONDO ESAME

Università per Stranieri di Perugia

CVCL — CENTRO VALUTAZIONE CERTIFICAZIONI LINGUISTICHE
Università per Stranieri di Perugia

ALTE

Foglio delle Risposte - Livello B1 CELI 2

| PARTE B | Prova di produzione di testi scritti | RISPOSTE |

B.1

1	
2	
3	
4	
5	
6	
7	
8	
9	

B.2

....
....
....
....
....
....
....
....
....
....
....
....

Non scrivere sotto questa linea

B.1
| 0 | 1 | 2 | 3 | 4 | 5 |

B.2
| 0 | 1 | 2 | 3 | 4 | 5 | 6 | 7 |
| 8 | 9 | 10 | 11 | 12 | 13 | 14 | 15 |

Fogli delle Risposte

SECONDO ESAME

Università per Stranieri di Perugia

CVCL CENTRO VALUTAZIONE CERTIFICAZIONI LINGUISTICHE
Università per Stranieri di Perugia

ALTE

Foglio delle Risposte - Livello B1 CELI 2

Cognome

Nome

Firma del candidato (leggibile)

....

PARTE B — Prova di produzione di testi scritti — RISPOSTE

B.3

Non scrivere sotto questa linea

B.3
| 0 | 1 | 2 | 3 | 4 | 5 | 6 | 7 | 8 | 9 | 10 | 11 | 12 | 13 | 14 | 15 | 16 | 17 | 18 | 19 | 20 |

94 CELI 2

Foglio delle Risposte - Livello B1 CELI 2

PARTE C — Prova di comprensione dell'ascolto

C.1
1	A	B	C
2	A	B	C
3	A	B	C
4	A	B	C

C.2
5	A	B	C
6	A	B	C
7	A	B	C
8	A	B	C

C.3 — 1° testo
9	Sì	No
10	Sì	No
11	Sì	No
12	Sì	No
13	Sì	No
14	Sì	No
15	Sì	No
16	Sì	No
17	Sì	No
18	Sì	No
19	Sì	No
20	Sì	No
21	Sì	No
22	Sì	No
23	Sì	No

C.3 — 2° testo
24	Sì	No
25	Sì	No
26	Sì	No
27	Sì	No
28	Sì	No
29	Sì	No
30	Sì	No
31	Sì	No
32	Sì	No
33	Sì	No

SECONDO ESAME

CHIAVI DI RISPOSTA

TRASCRIZIONI DEI TESTI DELLA PROVA DI COMPRENSIONE DELL'ASCOLTO

CHIAVI DEL SECONDO ESAME

A.1 1 : A   2 : C   3 : B   4 : B   5 : C   6 : C   7 : C
Punteggio: Punti 2 per ogni risposta corretta; Punti 0 per l'astensione o per ogni risposta errata

A.2 Sì : 9, 11, 12, 13, 16, 17
No : 8, 10, 14, 15
Punteggio: Punti 1 per ogni risposta corretta; Punti 0 per l'astensione o per ogni risposta errata

A.3 18 : C   19 : B   20 : C   21 : A   22 : D
Punteggio: come A.2

A.4 23 : B   24 : C   25 : A   26 : C   27 : C   28 : B   29 : C   30 : C   31 : A   32 : B
Punteggio: come A.2

A.5 33 : gliela   34 : li   35 : vi   36 : ci   37 : Le
Punteggio: Punti 1 per ogni completamento corretto; Punti 0 per l'astensione o per ogni completamento errato

B.1 *Punteggio: da 0 a 5 punti*

B.2 *Punteggio: da 0 a 15 punti (assegnati secondo le relative scale di competenze)*

B.3 *Punteggio: da 0 a 20 punti (assegnati secondo le relative scale di competenze)*

C.1 1 : B   2 : B   3 : C   4 : B
Punteggio: Punti 2 per ogni risposta corretta; Punti 0 per l'astensione o per ogni risposta errata

C.2 5 : B   6 : C   7 : C   8 : A
Punteggio: come C.1

C.3 1° testo   Sì : 9, 11, 13, 15, 16, 18, 21, 23
No : 10, 12, 14, 17, 19, 20, 22
2° testo   Sì : 24, 27, 29, 31
No : 25, 26, 28, 30, 32, 33
Punteggio: Punti 1 per ogni risposta corretta; Punti 0 per l'astensione o per ogni risposta errata

N.B.: Per il calcolo del punteggio, vedi pagina 13.

TRASCRIZIONE DEI TESTI DELLA PROVA DI COMPRENSIONE DELL'ASCOLTO

Università per Stranieri di Perugia
Esame CELI 2 – Certificato di conoscenza della lingua italiana
Livello B1
SECONDO ESAME
Prova di Comprensione dell'Ascolto

Il candidato ha un minuto di tempo per guardare velocemente le attività presenti nel fascicolo.

Inizio della prova

C.1) *Ascolterete ora dei messaggi pubblicitari.*
Ascoltate attentamente e svolgete l'attività indicata nel foglio.
Ascolterete i testi due volte.

1. INVIAGGIO di settembre ti fa conoscere l'arte, la cultura e le tradizioni della Toscana. Sfoglia le pagine di INVIAGGIO e guarda le immagini esclusive di questa regione! Scoprirai la sua cucina, i cinquanta alberghi dove trascorrere un fine settimana in completa tranquillità e le offerte di alcune agenzie di viaggio. Corri subito in edicola oppure scarica l'App per iPad e iPhone!
2. I PRIMI D'ITALIA è l'unica manifestazione nazionale che celebra i primi piatti e l'evento si terrà a Foligno, una cittadina dell'Umbria, a partire dal 29 settembre. Pasta, riso e tanti altri prodotti dell'agricoltura, necessari per la creazione di un primo piatto gustoso, saranno i protagonisti della gara fra cuochi. Inoltre, le persone presenti alla manifestazione potranno assaggiare e gustare i cibi per, poi, esprimere la loro preferenza e premiare il miglior cuoco.
3. Hai sostituito il tuo vecchio telefono con uno smartphone Android o un iPhone? Allora, usalo per fare molti giochi appassionanti che puoi scaricare da Internet, senza spendere un solo euro! Se ti piace la Formula 1, puoi partecipare a delle corse di automobili in 3D con il gioco CORSE SPRINT. Invece, se preferisci l'avventura, puoi giocare con BANANA KING dove devi aiutare una grande scimmia a superare molte difficoltà per prendere più banane possibili. Buon divertimento!
4. Tutti gli studenti di Milano, di ogni tipo di scuola, soltanto per il prossimo mese di settembre, quando acquisteranno i libri scolastici alla libreria ALTRA, avranno la possibilità di comprare un biglietto del cinema a metà prezzo e pagarlo, quindi, soltanto 3 euro, invece di 6 euro... e poi, con questo biglietto, oltre alla visione del film avranno diritto anche alla consumazione gratuita di una bibita al bar che si trova all'interno del cinema.

C.2) *Ascolterete ora delle persone che parlano delle loro vacanze.*
Ascoltate attentamente e svolgete l'attività indicata nel foglio.
Ascolterete i testi due volte.

5. Sono Flavia, insegno canto al Conservatorio e ogni anno organizzo le mie vacanze durante l'estate quando la scuola è chiusa. Di solito, prima vado in Sicilia, dove vive la mia famiglia, e poi organizzo un soggiorno al mare con i miei amici. Durante le vacanze dedico il mio tempo alle attività che amo, come andare in spiaggia, leggere libri, fare sport e anche imparare a suonare uno strumento, cosa che non posso fare quando insegno al Conservatorio.
6. Sono Alberto e sono un architetto. Sono *single* e adoro viaggiare. Ogni anno parto con un gruppo di amici per un viaggio alla scoperta di Paesi, tradizioni e culture nuove. Un anno fa, per esempio, sono andato in Australia dove ho vissuto un'esperienza indimenticabile. Quest'anno, invece, raggiungerò il Brasile dove navigherò lungo il fiume Rio delle Amazzoni e attraverserò la foresta per vedere la flora e la fauna di questi luoghi. Sarà, sicuramente, una vacanza avventurosa e indimenticabile!
7. Sono Barbara e faccio la commessa. Non amo fare delle vacanze lunghe, perché mi annoio e sento il bisogno di tornare a casa mia... quindi preferisco partire ogni fine settimana per andare in montagna o visitare qualche città italiana. Non mi piace andare all'estero, come fanno tanti italiani, perché in Italia ci sono tante cose belle da vedere e tanti luoghi nuovi da scoprire. Dopo che avrò visitato tutta l'Italia, forse comincerò a organizzare le mie vacanze all'estero.
8. Sono Francesco e sono un designer. Le vacanze, per me, sono un momento importante e, per viverle al meglio, spengo il computer, il cellulare e tutti gli strumenti che uso per il mio lavoro. Parcheggio l'auto e la riprendo quando torno in ufficio. Non amo viaggiare e nemmeno andare al mare o in montagna, come fanno tanti. Preferisco trascorrere le vacanze nella casa di campagna dei miei nonni, perché stare a contatto con la natura mi rilassa e mi dà la carica per affrontare un altro anno di lavoro.

C.3) 1° testo

Ascolterete ora un testo che spiega perché è importante ballare.
Ascoltate attentamente e svolgete l'attività indicata nel foglio.
Ascolterete il testo una sola volta.

Vi piace ballare?
Non tutti sanno che ballare è un passatempo divertente, ma anche un'attività importante soprattutto per i giovani che studiano. Ecco alcuni motivi per cui gli studenti dovrebbero cominciare a ballare di più.
Cari studenti, a voi che la mattina presto andate a scuola e il pomeriggio studiate, a voi che state sempre seduti sia in classe che a casa, un po' di sano movimento di sicuro farà bene al vostro fisico e anche alla vostra mente. Se non amate praticare uno sport, camminare nei parchi o andare in palestra, come tanti vostri coetanei, allora ballate! Ballare vuol dire muoversi in modo piacevole, seguire il ritmo della musica, lasciarsi andare e non è importante essere dei bravi ballerini. Potete ballare in qualsiasi luogo: in discoteca, a una festa o in camera vostra, davanti a uno specchio, da soli o con degli amici. Inoltre, dovete sapere che se ballate ogni giorno almeno per 15 minuti, riuscite anche a dormire meglio, perché rilassa sia la mente che il corpo. Ricordate anche che ballare fa perdere peso a chi ha dei chili di troppo e, quindi, aiuta a combattere l'obesità giovanile.
Prima di cominciare a fare i compiti, fate sempre quattro passi di danza, vi sentirete meglio e più tranquilli, pronti per studiare una lezione importante o per un esame. Se non vi piace andare a ballare in discoteca, perché c'è troppo rumore o troppe persone oppure perché quel genere di musica non vi piace, allora iscrivetevi ad un corso di ballo! In tutte le città ce ne sono tanti e per tutti i gusti. Scegliete il tipo di ballo che preferite, comprate l'abbigliamento necessario e andateci almeno tre volte alla settimana. È una buona occasione per muovervi, divertirvi, ma anche per conoscere persone, fare amicizia, soprattutto se vi siete trasferiti in una nuova città senza la vostra famiglia per frequentare l'università o un master e vi sentite un po' soli.
Ballare è anche un arricchimento culturale. Non esistono solo i balli moderni da discoteca o la danza classica, scoprite anche i balli tipici di altre parti del mondo come il tango argentino, la samba brasiliana, le danze cinesi e quelle folcloristiche di altri Paesi.
Ragazzi, ballate, ballate, ballate! Ballare aiuta a sentirvi più felici.

2° testo

Ascolterete ora un'intervista a una ragazza che parla dei suoi cani.
Ascoltate attentamente e svolgete l'attività indicata nel foglio.
Ascolterete l'intervista due volte.

- Michela, tu viaggi molto per lavoro e non rinunci mai a portare con te i tuoi due cani. Spiega ai nostri ascoltatori come fai.
  ▶ L'importante per loro è stare con me e per questo affrontano qualunque disagio: in macchina non li sento, perché dormono tutto il tempo; in aereo e in treno, visto che sono di taglia piccola e pesano poco, viaggiano accanto a me senza problemi, dentro una borsa particolare.
- Li porti con te anche in vacanza, oppure li lasci a qualcuno?
  ▶ Non amo lasciarli nelle pensioni per animali e nemmeno ai miei genitori perché loro hanno un cane che non va d'accordo con i miei. Quindi, i miei cani vengono con me, sia in montagna che al mare... e devo dire che amano molto stare al mare, perché a loro piace correre liberamente lungo la spiaggia e fare il bagno.
- Dove li hai presi?
  ▶ Mia figlia voleva tanto un cane piccolo. Così, un'estate, mentre eravamo in vacanza negli Stati Uniti, una mia amica ci ha fatto conoscere una signora che vendeva due cuccioli. Io e mia figlia ci siamo subito innamorate di loro e li abbiamo portati in Italia con noi.
- Come ti prendi cura di loro?
  ▶ Faccio attenzione a dargli soltanto cibi che gli fanno bene, li porto dal veterinario per le visite di controllo e li spazzolo tutti i giorni. Li faccio camminare al parco e poi li lascio in un'area riservata soltanto ai cani dove possono divertirsi insieme ad altri simili. A loro piace tanto correre e giocare con qualunque oggetto, ma amano anche sdraiarsi sopra la loro coperta e dormire per un paio d'ore. Devo dire che questi due cani hanno portato tanta felicità nella mia famiglia.
- Michela, mi hai quasi fatto venire la voglia di prendere un cane. Intanto ti ringrazio per questa intervista e a presto!
  ▶ Arrivederci a tutti!

Fine della prova

TERZO ESAME

PROVA SCRITTA
Parte A Parte B Parte C

⚠️
- **Prima di cominciare la prova**, ti consigliamo di leggere le **Informazioni utili per il candidato** a p. 15 e la **Guida per lo svolgimento delle prove d'esame** alle pp. 17-36.
- Quando svolgi la Prova scritta, usa i **Fogli delle Risposte** per trascrivere le tue risposte a pp. 124-127.
- Potrai ascoltare i testi che compongono la **Prova di Comprensione dell'Ascolto, Parte C** (C.1, C.2, C.3 primo e secondo testo) del terzo esame dall'inizio alla fine senza interruzioni per effettuare una simulazione dell'esame (traccia14), oppure li potrai ascoltare singolarmente (tracce da 15 a 18).
- Troverai le **Chiavi di risposta** e le **Trascrizioni dei testi** della Prova di Comprensione dell'Ascolto del terzo esame alle pp. 130-132.
- Una volta terminata la Prova Scritta, svolgi la Prova di Produzione Orale del terzo esame alle pp. 120-121.

1° FASCICOLO

Università per Stranieri di Perugia

CVCL CENTRO VALUTAZIONE CERTIFICAZIONI LINGUISTICHE
Università per Stranieri di Perugia

ALTE

CERTIFICATO DI CONOSCENZA DELLA LINGUA ITALIANA

LIVELLO B1 CELI 2

TERZO ESAME

PARTE A
PROVA DI COMPRENSIONE DELLA LETTURA
(punteggio della prova: 40 punti)

PARTE B
PROVA DI PRODUZIONE DI TESTI SCRITTI
(punteggio della prova: 40 punti)

TEMPO: 2 ore

ATTENZIONE!
Inserire tutte le risposte negli appositi Fogli delle Risposte
Scrivere in modo chiaro e leggibile
Annerire le caselle secondo le istruzioni
Utilizzare esclusivamente la penna

Parte A - Prova di Comprensione della Lettura TERZO ESAME

PARTE A   PROVA DI COMPRENSIONE DELLA LETTURA

A.1 Leggere i testi da 1 a 7 e scegliere la risposta giusta fra A, B o C.
Indicare nel **Foglio delle Risposte**, vicino al numero del testo, la lettera corrispondente alla risposta scelta.

Esempio

0

LA POSTA DI SCILLA Esperienze e curiosità dei lettori

Gentile Scilla,
mi chiamo Rosa e sono un'appassionata della Sua rubrica. L'anno scorso, mentre stavo navigando in Internet, ho letto l'annuncio di un hotel a Cuba che richiedeva degli animatori turistici per la stagione estiva. Ho inviato il curriculum con tutte le mie referenze e una foto del mio viso. Dopo un'attesa di due mesi, ho ricevuto il contratto da firmare. È stato un periodo fantastico: mi è piaciuto il lavoro e ho conosciuto molta gente. Quest'anno ripeterò la stessa esperienza e fra un mese farò l'animatrice in un villaggio turistico in Australia.

Rosa scrive a Scilla per

A descriverle il tipo di lavoro che cercava in Internet
B raccontarle in che modo ha potuto ottenere un lavoro
C farle sapere che le è piaciuta la sua seconda esperienza di lavoro

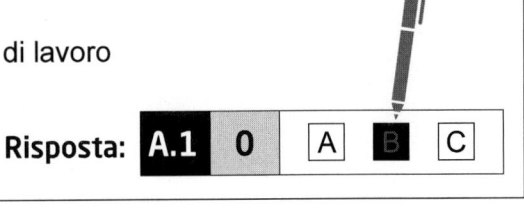

Risposta: **A.1** 0 A **B** C

1 DAL BLOG DI CATIA

Il mio cane si chiama Chipper ed è un animale intelligente e ambientalista. Fin da quando l'ho trovato, ha manifestato una grande passione per le bottiglie di plastica: le andava a cercare ovunque, persino in mare, e me le portava. Così, ho pensato di fare qualcosa per la mia città insieme a lui: raccogliere le bottiglie di plastica che le persone poco educate lasciavano un po' ovunque per poi portarle al centro di raccolta dei rifiuti. Il sindaco e tanti altri si sono complimentati con me perché adesso, grazie alla passione di Chipper, piazze e parchi della mia città sono pulitissimi!

Catia, nel suo blog,

A racconta in che modo ha usato la passione di Chipper
B spiega qual era la sua passione quando ha preso Chipper
C ringrazia il sindaco che ha apprezzato la passione di Chipper

Parte A - Prova di Comprensione della Lettura TERZO ESAME

2 Dal profilo FACEBOOK di Giacomo

facebook

Amici del web, ho dato il via all'iniziativa CAMMINIAMO INSIEME che partirà il primo maggio. Percorrerò a piedi il SENTIERO ITALIA, che è l'alta via più lunga del mondo: 6.880 chilometri. Attraverserò le montagne di venti regioni, isole comprese. Chi vuole far parte dell'iniziativa può camminare con me dall'inizio fino alla fine del percorso per un anno, oppure può accompagnarmi solo per un tratto, quindi per meno tempo. Per saperne di più, seguitemi su Facebook e, se condividete questa iniziativa, cliccate *MI PIACE*.

Giacomo, sul suo profilo Facebook,

A fa sapere che si può scegliere la durata della partecipazione all'iniziativa

B indica a tutti gli amici del web il luogo da dove partirà l'iniziativa

C suggerisce di cliccare *MI PIACE* per prendere parte all'iniziativa

3 Sempre di più sono i giovani italiani che sognano di trasferirsi all'estero per laurearsi. Ultimamente la loro meta preferita è la Cina. Ma come si può frequentare un'università cinese? Per rispondere a questa e ad altre domande, mercoledì scorso l'Istituto Confucio, in collaborazione con il corso di laurea in Mediazione linguistica dell'Università degli Studi di Milano, ha organizzato LAUREARSI IN CINA: una giornata dedicata all'orientamento proprio per chi desidera frequentare un corso universitario in Cina.

Mercoledì scorso,

A i giovani italiani potevano iscriversi alle università presenti in Cina

B le persone ricevevano delle informazioni utili per poter studiare in Cina

C l'Istituto Confucio pubblicizzava uno specifico corso di laurea da frequentare in Cina

4 PERUGIA. Dal 2010, circa duecento gioielli d'oro degli antichi popoli degli etruschi e dei romani sono in mostra nelle sale del Museo Archeologico Nazionale dell'Umbria: un tesoro da circa 3 milioni e 700 mila euro. Dopo vari anni, la Direzione del Museo ha deciso di aggiungere nuovi strumenti per una maggiore sicurezza, come sensori e telecamere, e più personale all'interno delle sale. Per fortuna, fino ad oggi, l'allarme è scattato soltanto una volta quando, per caso, è entrato un uccello. È stato un episodio spiacevole che però ha confermato che tutto funziona bene.

Nel Museo Archeologico Nazionale dell'Umbria ci sono più controlli

A da quando sono in esposizione i gioielli degli etruschi e dei romani

B dopo che un uccello ha fatto scattare l'allarme per errore

C al fine di aumentare la protezione di oggetti storici

Parte A - Prova di Comprensione della Lettura   TERZO ESAME

5 NOTIZIE DAL WEB

MILANO. La scorsa notte, in un negozio del centro, è avvenuto un furto per opera di un ragazzo di 25 anni. Il giovane è entrato dalla porta posteriore del negozio e ha rubato degli abiti di alta moda per un valore di 300 mila euro. Li ha caricati in un furgone dove c'era il suo complice che lo stava aspettando e li ha nascosti dentro degli scatoloni nel salotto di casa. Gli agenti di polizia sono riusciti ad arrestare il ladro che, appena li ha visti, ha cercato di fuggire dalla finestra della cucina. Grazie all'aiuto di cani addestrati, i poliziotti hanno ritrovato la merce rubata.

La notizia

A racconta cosa è successo nel negozio durante il furto

B spiega come i cani degli agenti hanno trovato il ladro

C descrive la reazione del giovane all'arrivo della polizia

6 DOVE AVETE TRASCORSO LA VOSTRA PRIMA VACANZA DA SOLI?

ROBERTO - 16 anni	CARLA - 18 anni	LUCIA - 19 anni
La mia prima vacanza da solo l'ho fatta a Dublino e avevo 16 anni. È stata un'esperienza indimenticabile perché, per la prima volta, mi sono sentito veramente responsabile e indipendente. Ogni due giorni chiamavo i miei genitori per non farli preoccupare. Comunque, a chi ripeterà questa mia esperienza consiglio di abituarsi subito alla vita del luogo e farsi tante amicizie.	A 18 anni ho deciso di fare la mia prima vacanza da sola a Madrid. I primi giorni ero emozionatissima, poi però la lontananza dalla famiglia e dagli amici si è fatta sentire. I miei genitori hanno subito capito il mio disagio e sono venuti a riprendermi. Nonostante tutto, è stata un'esperienza interessante, anche se breve, che ripeterei soltanto con un'amica.	La prima vacanza da sola l'ho trascorsa a Melbourne. I primi giorni, ogni volta che sentivo al telefono la voce dei miei genitori, piangevo. Ero veramente disperata. Alla fine, invece, non volevo più tornare a casa, perché avevo molte amicizie, mi divertivo e in quella città ci stavo bene. Quindi consiglio a tutti di vivere con tanta tranquillità e serenità la loro prima vacanza da soli.

Chi dei tre giovani ha sofferto di nostalgia per tutta la durata della vacanza?

A Roberto
B Carla
C Lucia

7 RUBRICA: DALLA PARTE DEL CONSUMATORE

In tutta Italia, dalla metà di luglio, partono i saldi estivi che dureranno circa due mesi. In questa corsa agli acquisti dovrete fare molta attenzione perché spesso i prezzi sono sbagliati. Prima di tutto guardate bene l'oggetto da acquistare, controllate il prezzo iniziale, lo sconto e il prezzo finale. Inoltre, se l'oggetto che avete comprato a saldo non vi piace più, potete restituirlo e prenderne un altro, ma soltanto entro due settimane dall'acquisto.

Nel testo ci sono delle informazioni

A utili per chi acquista un oggetto prima dei saldi estivi di luglio

B importanti per chi vuole cambiare un oggetto acquistato

C particolari per chi compra un oggetto senza sconto

A.2 Leggere il testo. Solamente alcune affermazioni, da 8 a 17, corrispondono a informazioni presenti nel testo.
Indicare nel **Foglio delle Risposte**, vicino al numero dell'affermazione,

Sì se è presente,
No se non è presente.

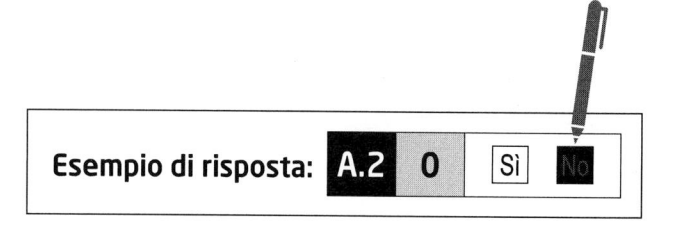

Esempio di risposta: **A.2** **0** Sì ~~No~~

PERICOLO IN MONTAGNA

Jessica, una giovane venticinquenne di Bologna, appassionata di sci e snowboard, mentre trascorreva la sua vacanza invernale in una località di montagna della Svizzera insieme ai genitori, ha vissuto un'esperienza unica. Una mattina, dopo aver indossato la tuta da sci e la giacca a vento, si è messa le cuffie alle orecchie per ascoltare la musica ed è uscita dall'albergo per iniziare la sua giornata sportiva. Erano le otto di mattina e, a quell'ora, sulla pista da sci c'erano solo poche persone. Jessica si stava divertendo un mondo mentre sciava al ritmo di una musica *rap*, sotto il cielo azzurro e il sole caldo, quando, all'improvviso, dal bosco vicino alle piste è uscito un grande orso dal pelo scuro che ha cominciato a correre verso di lei. La ragazza era di spalle e quindi non ha visto quanto stava succedendo. Le persone che erano presenti hanno cominciato a gridare, a fare dei segnali con le braccia alla ragazza e a fuggire per nascondersi. Uno sciatore coraggioso ha addirittura filmato il tutto con il proprio cellulare. Per fortuna, all'improvviso, l'animale si è fermato, si è guardato intorno e se ne è ritornato tra gli alberi della montagna. Tutto è bene quello che finisce bene! Quando Jessica in albergo ha visto il video insieme ai genitori è rimasta a bocca aperta per la paura. La ragazza, in seguito, l'ha pubblicato su Facebook insieme a queste parole:

«In montagna fate attenzione e guardatevi sempre alle spalle!»

8	Jessica è una ragazza sportiva
9	Ai familiari di Jessica piace sciare insieme alla figlia
10	Jessica preferisce la musica italiana
11	Era una bella giornata
12	La gente ha cercato di far fuggire l'orso
13	Una persona ha voluto riprendere l'accaduto
14	L'orso ha deciso di non seguire più la ragazza
15	I genitori, quando hanno visto il video, hanno avuto paura
16	Jessica mostra nel web quello che le è successo
17	Jessica dà dei consigli

Parte A - Prova di Comprensione della Lettura TERZO ESAME

A.3 Completare le frasi da 18 a 22. Scegliere la parola giusta fra le quattro proposte A, B, C o D. Indicare nel **Foglio delle Risposte**, vicino al numero della frase, la lettera corrispondente alla parola scelta.

Esempio di risposta: **A.3** **0** [A] [B] **[C]** [D]

18 Ho deciso di laurearmi a giugno, (18) a settembre potrò iscrivermi al master.

- [A] oppure
- [B] così
- [C] appena
- [D] quanto

19 A Firenze ho ammirato sia le opere di Leonardo da Vinci (19) quelle di Botticelli.

- [A] pure
- [B] oppure
- [C] anche
- [D] che

20 Ho molta nostalgia dei miei genitori, (20) gli telefono ogni giorno.

- [A] perciò
- [B] infine
- [C] invece
- [D] anche

21 Signora, entri subito! La conferenza è (21) iniziata da 10 minuti.

- [A] già
- [B] come
- [C] quando
- [D] quindi

22 Prenderò la patente di guida (22) avrò 18 anni.

- [A] se
- [B] allora
- [C] siccome
- [D] quando

Parte A - Prova di Comprensione della Lettura   **TERZO ESAME**

A.4 Completare il testo da 23 a 32. Scegliere la parola giusta fra le tre proposte A, B o C. Indicare nel **Foglio delle Risposte**, vicino a ogni numero, la lettera corrispondente alla parola scelta.

Esempio di risposta: **A.4** 0 [A] [B] [C]

AGGIUNGI UN POSTO A TAVOLA!

Sempre più persone vanno alla ricerca di locali nuovi dove poter trascorrere una serata diversa e a buon prezzo. La nuova tendenza, che sta (23) molto successo in varie zone d'Italia, si chiama HOME RESTAURANT, ovvero CASA RISTORANTE. Ci sono uomini e donne, con particolari capacità culinarie, che (24) di aprire le porte della loro casa per ospitare, stare in allegria, cucinare e mangiare (25) compagnia, in cambio di pochi euro.

Anche Lia, una nonnina ligure, (26) età di 96 anni ha pensato di creare insieme al nipote il primo 'ristorante in casa' della Liguria. La donna è (27) famosa in breve tempo.

Sempre più gente desidera assaggiare i sapori della (28) semplice di una volta e anche conoscere Lia per la sua allegria e per la simpatia con cui (29) i numerosi clienti.

La nonnina ha anche una pagina Facebook (30) le persone possono vedere il menu della cena, scegliere cosa mangiare e (31) un posto a tavola. Da nonna Lia si spende poco, il cliente risparmia, il cuoco guadagna qualche euro e (32) sono soddisfatti!

23	[A] prendendo	[B] avendo	[C] tenendo
24	[A] decidono	[B] vogliono	[C] iniziano
25	[A] di	[B] con	[C] in
26	[A] sull'	[B] all'	[C] nell'
27	[A] diventata	[B] stata	[C] riuscita
28	[A] ricetta	[B] cucina	[C] cuoca
29	[A] accetta	[B] parla	[C] riceve
30	[A] dove	[B] quando	[C] come
31	[A] prendere	[B] stare	[C] prenotare
32	[A] chiunque	[B] tutti	[C] ciascuno

Parte A - Prova di Comprensione della Lettura

A.5 Completare le frasi da, da 33 a 37, con i pronomi opportuni.
Indicare nel **Foglio delle Risposte**, vicino al numero della frase, il pronome scelto.

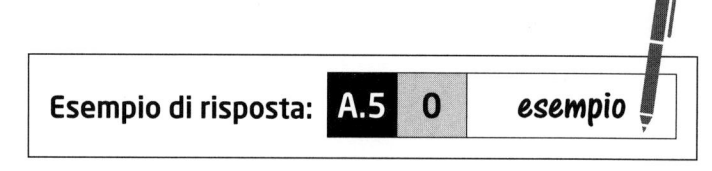

Esempio di risposta: **A.5** 0 | *esempio*

33 Ciao ragazzi, (33) vediamo domani!

34 Professore, (34) vorrei invitare alla mia festa di laurea.

35 Oggi è il compleanno di Viola, (35) invio gli auguri con whatsapp.

36 Quanti anni hai? (36) *ho appena compiuti 18.*

37 Se Stefania ha bisogno delle medicine, quando esco (37) compro in farmacia.

PARTE B — PROVA DI PRODUZIONE DI TESTI SCRITTI

B.1 Rispondere al questionario.
Scrivere nel **Foglio delle Risposte** vicino al numero della domanda da 1 a 9.

Esempio di risposta: **B.1** 0 *esempio*

> Nella città italiana dove Lei abita c'è l'inaugurazione di una nuova biblioteca e Lei ha deciso di andarci. All'ingresso una persona Le ha dato il seguente questionario a cui Lei decide di rispondere.

1. Per quale motivo Lei ha deciso di venire in questa nuova biblioteca?

2. Usi due aggettivi per definire il personale che lavora in questa biblioteca.

3. Secondo Lei, il sito Internet di questa biblioteca è fatto bene o non è completo? Perché?

4. Lei, di solito, quante volte al mese va in biblioteca?

5. Quale genere di libri Le piace leggere?

6. Se Lei vuole leggere un libro, preferisce comprarlo o prenderlo in prestito in biblioteca? Perché?

7. Lei pensa di ritornare in questa biblioteca? Perché?

8. A chi ha già consigliato questa nuova biblioteca?

9. Quale consiglio darebbe per migliorare i servizi di questa biblioteca?

Parte B - Prova di Produzione di Testi Scritti TERZO ESAME

B.2 Scrivere a un annuncio.
Scrivere nello spazio riservato a B.2 nel **Foglio delle Risposte**. (Usare circa 50 parole)

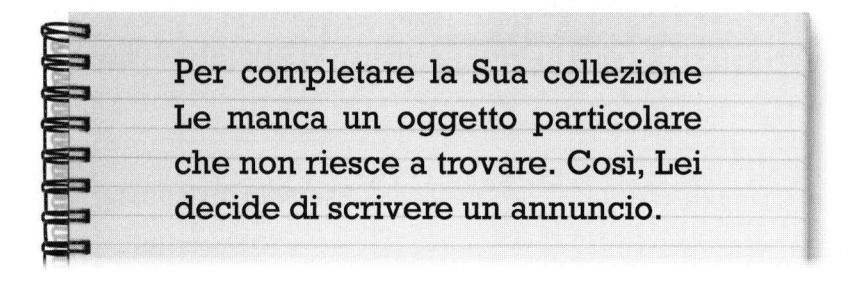

> Per completare la Sua collezione Le manca un oggetto particolare che non riesce a trovare. Così, Lei decide di scrivere un annuncio.

Nell'annuncio

- si presenta brevemente
- spiega cosa ama collezionare e come Le è nata questa passione
- descrive l'oggetto particolare che sta cercando
- dà indicazioni su come contattarla

Scrivere nel Foglio delle Risposte

B.3 Scrivere una e-mail.
Scrivere nello spazio riservato a B.3 nel **Foglio delle Risposte**.

(Da un minimo di 90 a un massimo di 100 parole)

> Lei, dopo un periodo trascorso in Italia ospite del Suo amico italiano Alberto, è ritornato nel Suo Paese. Dopo una settimana dal Suo rientro ha deciso di scrivere ad Alberto.

Nell'e-mail

- spiega ad Alberto cosa Le manca dell'Italia
- gli racconta cosa Le è successo di particolare da quando è ritornato nel Suo Paese
- gli ricorda quando vi siete tanto divertiti insieme in Italia
- lo invita nel Suo Paese per un motivo importante e lo saluta

Scrivere nel Foglio delle Risposte

2° FASCICOLO

Università per Stranieri di Perugia

CVCL CENTRO VALUTAZIONE CERTIFICAZIONI LINGUISTICHE
Università per Stranieri di Perugia

ALTE

CERTIFICATO DI CONOSCENZA DELLA LINGUA ITALIANA

LIVELLO B1 CELI 2

TERZO ESAME

PARTE C
PROVA DI COMPRENSIONE DELL'ASCOLTO
(punteggio della prova: 40 punti)

TEMPO: 20 minuti

ATTENZIONE!
Inserire tutte le risposte negli appositi Fogli delle Risposte
Scrivere in modo chiaro e leggibile
Annerire le caselle secondo le istruzioni
Utilizzare esclusivamente la penna

PARTE C — PROVA DI COMPRENSIONE DELL'ASCOLTO

C.1 Ascoltare i messaggi vocali lasciati alla segreteria del cellulare da 1 a 4 e scegliere la risposta giusta tra A, B o C. Indicare nel **Foglio delle Risposte**, vicino al numero del testo, la lettera corrispondente alla risposta scelta. Ascolterete i testi due volte.

Esempio di risposta: **C.1** 0 A B C

1 Federico lascia un messaggio vocale a Viola per

- A darle un appuntamento nel pomeriggio
- B dirle quale regalo vuole comprare
- C invitarla alla festa di Cristina

2 Juliette lascia un messaggio vocale perché vuole

- A chiedere delle informazioni sul corso B1
- B frequentare il corso in un mese diverso
- C sapere quanto costa iscriversi al corso

3 Lucio, nel suo messaggio vocale, chiede a Giulia di

- A prestargli il libro di matematica
- B portargli il libro di matematica
- C cercare il libro di matematica

4 Maria, nel messaggio, chiede a Marco di

- A dare un passaggio a Giorgio
- B andare a piedi fino a casa sua
- C portare la ragazza del suo amico

Parte C - Prova di Comprensione dell'Ascolto   TERZO ESAME

C.2 Ascoltare le notizie di vario tipo da 5 a 8 e scegliere la risposta giusta fra A, B o C. Indicare nel **Foglio delle Risposte**, vicino al numero del testo, la lettera corrispondente alla risposta scelta. Ascolterete i testi due volte.

Esempio di risposta: **C.2** 0 [A] [B] [C]

5 Se ascolti questa notizia, puoi sapere
- [A] dove bisogna fare il riposino
- [B] quanto deve durare il pisolino
- [C] perché bisogna dormire di più

6 La pubblicità del locale CONO GELATO precisa
- [A] quali tipi di frutta Luca usa per fare i gelati
- [B] quando Luca organizza le feste a Catania
- [C] dove si trova la gelateria di Luca

7 I giovani tra i 18 e i 25 anni
- [A] preferiscono vivere nella casa dei loro genitori
- [B] hanno un'idea diversa dai genitori sulla casa
- [C] comprano una casa all'estero

8 Questo messaggio è per chi
- [A] segue un particolare genere musicale
- [B] desidera stare per un anno a Verona
- [C] ama suonare con musicisti famosi

Parte C - Prova di Comprensione dell'Ascolto **TERZO ESAME**

C.3 Ascoltare i due testi.

Primo testo

🎧 Ascoltare una ragazza che parla di regali. Solamente alcune frasi, da 9 a 23, sono presenti nel testo. Indicare nel **Foglio delle Risposte**, vicino al numero della frase,

Sì se è presente la stessa frase ascoltata,

No se non è presente la stessa frase ascoltata.

Ascolterete il testo una sola volta.

Esempio di risposta: **C.3** 0 Sì **No**

9	è il giorno del mio compleanno
10	sono rimasta a letto
11	ricordo il compleanno di 17 anni fa
12	i miei parenti hanno preparato una torta
13	è stato emozionante
14	voglio molto bene a chi mi fa bei regali
15	la mia amica mi ha invitato alla sua festa di compleanno
16	mi facevo tante domande
17	ho comprato un libro in Internet
18	non c'era il regalo perfetto
19	mia madre mi fa dei regali particolari
20	ancora non ero convinta
21	in centro ho fatto spese
22	lei si è fermata davanti a un negozio
23	la mia amica è rimasta senza parole

C.3

Secondo testo

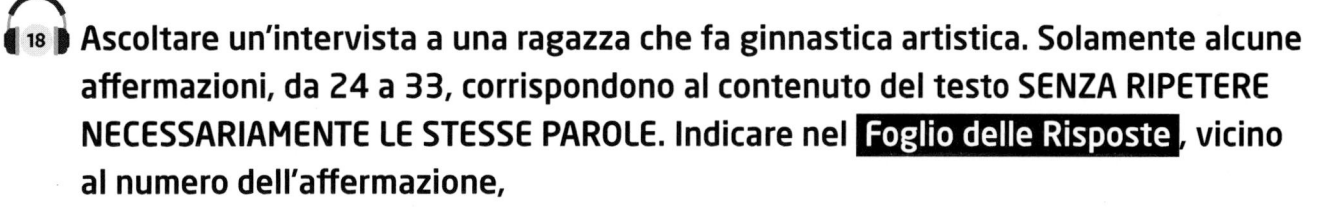

🎧 Ascoltare un'intervista a una ragazza che fa ginnastica artistica. Solamente alcune affermazioni, da 24 a 33, corrispondono al contenuto del testo SENZA RIPETERE NECESSARIAMENTE LE STESSE PAROLE. Indicare nel **Foglio delle Risposte**, vicino al numero dell'affermazione,

Sì se è presente nel testo il contenuto dell'affermazione,

No se non è presente nel testo il contenuto dell'affermazione.

Ascolterete il testo due volte.

Esempio di risposta: **C.3** 0 Sì No

24 Carlotta ha partecipato a delle gare importanti

25 Carlotta fa lo stesso sport di tutti i ragazzi della sua età

26 Carlotta sa quali cibi le fanno bene

27 A cena mangia dei cibi diversi dal pranzo

28 A Carlotta piace preparare dei biscotti al cioccolato

29 La sorella va alle gare sportive di Carlotta

30 Adesso Carlotta non può fare sport

31 Carlotta legge i libri che trattano di sport

32 Sul web Carlotta pubblica le foto degli amici

33 Carlotta parla di un suo progetto

TERZO ESAME

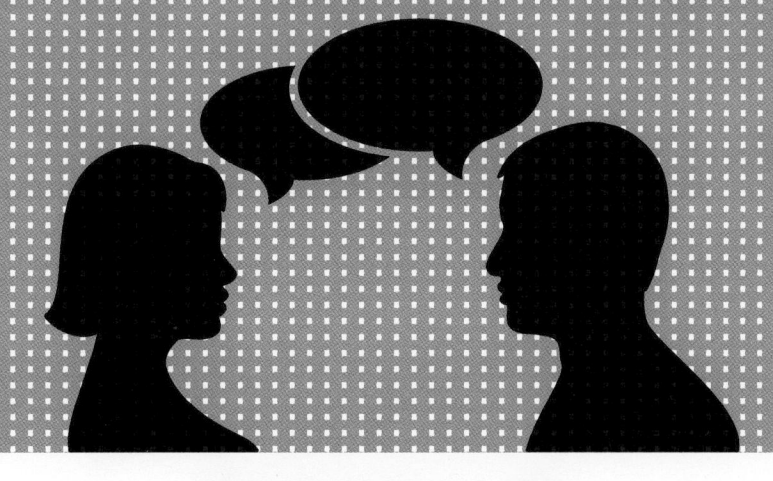

PROVA DI PRODUZIONE ORALE

Prova di Produzione Orale — TERZO ESAME

FOTO DA DESCRIVERE

Prova di Produzione Orale

TERZO ESAME

COMPITO COMUNICATIVO

Lei abita in Italia e vuole cambiare il Suo cellulare. Dopo aver visto in televisione la pubblicità di alcuni cellulari ha deciso di comprarne uno nuovo. Entra in un negozio di telefoni, parla con la commessa e le dice cosa desidera. Le spiega perché vuole cambiare il cellulare, quali funzioni Le interessano e quanto vuole spendere. Siccome non è molto deciso, le comunica che preferisce pensarci e che tornerà un altro giorno.

TERZO ESAME

FOGLI DELLE RISPOSTE

Fogli delle Risposte

TERZO ESAME

Università per Stranieri di Perugia

CVCL — CENTRO VALUTAZIONE CERTIFICAZIONI LINGUISTICHE
Università per Stranieri di Perugia

ALTE

Foglio delle Risposte - Livello B1 CELI 2

Cognome

Nome

Firma del candidato (leggibile)

B1 CELI2

Istruzioni per la compilazione
Indicare una sola risposta.
Usare la penna nera o blu per annerire la casella COSÌ: ■ SÌ

Esempi di compilazione errata
NO   NO   NO   NO

PARTE A — Prova di comprensione della lettura — RISPOSTE

A.1
1	A	B	C
2	A	B	C
3	A	B	C
4	A	B	C
5	A	B	C
6	A	B	C
7	A	B	C

A.2
8	Sì	No
9	Sì	No
10	Sì	No
11	Sì	No
12	Sì	No
13	Sì	No
14	Sì	No
15	Sì	No
16	Sì	No
17	Sì	No

A.3
18	A	B	C	D
19	A	B	C	D
20	A	B	C	D
21	A	B	C	D
22	A	B	C	D

A.4
23	A	B	C
24	A	B	C
25	A	B	C
26	A	B	C
27	A	B	C
28	A	B	C
29	A	B	C
30	A	B	C
31	A	B	C
32	A	B	C

A.5 — Non scrivere qui
| 33 |
| 34 |
| 35 |
| 36 |
| 37 |

Foglio delle Risposte - Livello B1 CELI 2

PARTE B — Prova di produzione di testi scritti

B.1

1.
2.
3.
4.
5.
6.
7.
8.
9.

B.2

_____

Non scrivere sotto questa linea

B.1: 0 1 2 3 4 5

B.2: 0 1 2 3 4 5 6 7 8 9 10 11 12 13 14 15

Foglio delle Risposte - Livello B1 CELI 2

Cognome

Nome

Firma del candidato (leggibile)

PARTE B — Prova di produzione di testi scritti — RISPOSTE

B.3

Non scrivere sotto questa linea

B.3
0 1 2 3 4 5 6 7 8 9 10 11 12 13 14 15 16 17 18 19 20

Foglio delle Risposte - Livello B1 CELI 2

PARTE C — Prova di comprensione dell'ascolto

C.1
	A	B	C
1	A	B	C
2	A	B	C
3	A	B	C
4	A	B	C

C.2
	A	B	C
5	A	B	C
6	A	B	C
7	A	B	C
8	A	B	C

C.3 — 1° testo
	Sì	No
9	Sì	No
10	Sì	No
11	Sì	No
12	Sì	No
13	Sì	No
14	Sì	No
15	Sì	No
16	Sì	No
17	Sì	No
18	Sì	No
19	Sì	No
20	Sì	No
21	Sì	No
22	Sì	No
23	Sì	No

C.3 — 2° testo
	Sì	No
24	Sì	No
25	Sì	No
26	Sì	No
27	Sì	No
28	Sì	No
29	Sì	No
30	Sì	No
31	Sì	No
32	Sì	No
33	Sì	No

TERZO ESAME

CHIAVI DI RISPOSTA

TRASCRIZIONI DEI TESTI DELLA PROVA DI COMPRENSIONE DELL'ASCOLTO

CHIAVI DEL TERZO ESAME

A.1   1 : A   2 : A   3 : B   4 : C   5 : C   6 : B   7 : B
*Punteggio: **Punti 2** per ogni risposta corretta; **Punti 0** per l'astensione o per ogni risposta errata*

A.2   Sì : 8, 11, 13 ,14, 16, 17
No : 9, 10, 12, 15
*Punteggio: **Punti 1** per ogni risposta corretta; **Punti 0** per l'astensione o per ogni risposta errata*

A.3   18 : B   19 : D   20 : A   21 : A   22 : D
Punteggio: come A.2

A.4   23 : B   24 : A   25 : C   26 : B   27 : A   28 : B   29 : C   30 : A   31 : C   32 : B
Punteggio: come A.2

A.5   33 : ci   34 : La   35 : le   36 : ne   37 : gliele
*Punteggio: **Punti 1** per ogni completamento corretto; **Punti 0** per l'astensione o per ogni completamento errato*

B.1   *Punteggio: da 0 a 5 punti*

B.2   *Punteggio: da 0 a 15 punti (assegnati secondo le relative scale di competenze)*

B.3   *Punteggio: da 0 a 20 punti (assegnati secondo le relative scale di competenze)*

C.1   1 : A   2 : B   3 : C   4 : A
*Punteggio: **Punti 2** per ogni risposta corretta; **Punti 0** per l'astensione o per ogni risposta errata*

C.2   5 : B   6 : C   7 : B   8 : A
Punteggio: come C.1

C.3   1° testo   Sì : 9, 10, 13, 16, 18, 20, 22, 23
                   No : 11, 12, 14, 15, 17, 19, 21
      2° testo   Sì : 24, 26, 27, 30, 33
                   No : 25, 28, 29, 31, 32
*Punteggio: **Punti 1** per ogni risposta corretta; **Punti 0** per l'astensione o per ogni risposta errata*

N.B.: Per il calcolo del punteggio, vedi pagina 13.

TRASCRIZIONE DEI TESTI DELLA PROVA DI COMPRENSIONE DELL'ASCOLTO

Università per Stranieri di Perugia
Esame CELI 2 – Certificato di conoscenza della lingua italiana
Livello B1
TERZO ESAME
Prova di Comprensione dell'Ascolto

Il candidato ha un minuto di tempo per guardare velocemente le attività presenti nel fascicolo.

Inizio della prova

C.1) *Ascolterete ora dei messaggi vocali lasciati alla segreteria del cellulare.*
Ascoltate attentamente e svolgete l'attività indicata nel foglio.
Ascolterete i testi due volte.

1. Ciao Viola, sono Federico. Ti ricordi che domani è il compleanno di Cristina? Ci vediamo per comprarle un regalo? Possiamo incontrarci oggi, alle 16, al centro commerciale vicino a casa tua... ci sono tante idee per fare un bel regalo. Non arrivare in ritardo come sempre! Se però hai degli impegni, telefonami così ci vado io e noi ci vediamo direttamente alla festa di Cristina. Ciao!
2. Buongiorno, mi chiamo Juliette e sono francese. Due mesi fa ho prenotato, per agosto, un corso mensile di italiano di livello B1. Siccome il 20 agosto dovrò dare un esame all'università, vorrei sapere se posso spostare la mia prenotazione a settembre. Inoltre, quando scade il pagamento della tassa di iscrizione? Il mio numero di telefono è 22334455. Grazie.
3. Giulia, sono Lucio. Non riesco a trovare il libro di matematica che ho preso in prestito in biblioteca. Forse l'ho dimenticato a casa tua ieri sera quando sono venuto a studiare. Purtroppo mi serve oggi stesso, perché devo preparare una lezione importante. Se lo trovi chiamami, così vengo subito da te a prenderlo! Grazie. Ciao.
4. Ciao Marco, sono Maria. Non dimenticarti di venire stasera a casa mia alle 20. Prima però ricordati di passare a prendere il mio amico Giorgio perché ha la macchina rotta e non può venire a piedi... ah, porta anche la tua ragazza, così finalmente la potrò conoscere. A stasera!

C.2) *Ascolterete ora delle notizie di vario tipo.*
Ascoltate attentamente e svolgete l'attività indicata nel foglio.
Ascolterete i testi due volte.

5. Riposino pomeridiano, pisolino, siesta, pennichella, chiamatelo come volete ma, se potete, una dormitina dopo pranzo, non importa se a letto o sul divano, fatela sempre! Alcuni medici hanno affermato che dormire circa venti minuti dopo pranzo fa bene alla salute e diminuisce la stanchezza. L'importante però è non dormire per più tempo, perché potreste andare incontro a qualche problema fisico e psicologico.
6. In Italia, esiste un locale dove si preparano dei gelati straordinari che si chiama CONO GELATO. Qui c'è il gelataio Luca che vi farà gustare i migliori gelati della Sicilia preparati con la frutta. E non solo! È possibile gustarli in molti modi: al cono, in un bicchiere o dentro a un cornetto e, in più, Luca prepara con il gelato delle stupende torte per qualsiasi tipo di festa o di occasione. Il gelataio Luca vi aspetta in Sicilia, a Catania, in via San Giuliano al numero 10.
7. I giovani tra i 18 e i 25 anni che vogliono vivere da soli, senza il controllo della famiglia, non comprano una casa, ma preferiscono prendere in affitto appartamenti piccoli come i monolocali. Per loro la casa non è importante come lo era, tanti anni fa, per i loro genitori. D'altra parte oggi la vita è cambiata: i giovani hanno poche disponibilità economiche e vanno spesso all'estero.
8. Siete appassionati di musica classica? Anche quest'anno, all'Arena di Verona, si ripeterà l'appuntamento annuale del FESTIVAL LIRICO, una delle manifestazioni più importanti di musica lirica. Sarà in programma dal 19 giugno al 6 settembre. Si esibiranno grandi cantanti che interpreteranno, in mezzo a delle scenografie stupende, le opere più famose di grandi musicisti e compositori come Verdi, Puccini e Mozart.

Trascrizioni dei Testi della Prova di Comprensione dell'Ascolto

TERZO ESAME

C.3) 1° testo

Ascolterete ora una ragazza che parla di regali.
Ascoltate attentamente e svolgete l'attività indicata nel foglio.
Ascolterete il testo una sola volta.

Il compleanno è sempre importante sia per chi lo festeggia che per chi partecipa alla festa.
Io sono Sara e vorrei dire a tutti che, per me, il momento più bello dell'anno è il giorno del mio compleanno. Io amo questa ricorrenza perché è il giorno in cui sono nata e, quindi, devo sempre festeggiarlo.
L'anno scorso, purtroppo, a causa di una brutta caduta, sono rimasta a letto a lungo e non ho potuto organizzare nessuna festa per il mio diciassettesimo compleanno. Ma parenti e amici, che mi vogliono bene e mi conoscono, di nascosto mi hanno fatto una sorpresa: all'improvviso, sono arrivati tutti insieme con in mano una torta con tante candeline e mi hanno cantato TANTI AUGURI A TE. È stato emozionante!
E poi, non c'è compleanno senza un regalo. Mi piace tanto ricevere i regali, immaginare cosa c'è dentro e poi scartarli. Chiaramente mi appassiona anche farli, perché è un modo per dire 'ti voglio bene' a una persona cara!
Per esempio, quando la mia migliore amica ha compiuto 18 anni, volevo farle qualcosa di sensazionale, di unico e, per me, non è stato facile trovarle il regalo 'perfetto'. Ogni giorno giravo per i negozi e mi facevo tante domande: questa sciarpa le potrà piacere? Questo oggetto starà bene nella sua camera? Questo libro l'avrà già letto? Sono anche andata in Internet, sul sito TROVAREGALI, sicura di comprare qualcosa. Ho cliccato la categoria Regali di compleanno e quanto volevo spendere: ho visto cosa proponeva il sito, c'erano tanti oggetti belli e interessanti ma, di fatto, non c'era il regalo perfetto che cercavo!
Ero sempre più preoccupata, perché il giorno della sua festa si stava avvicinando. Mia madre, allora, mi ha consigliato di prepararle una torta di compleanno o di regalarle un biglietto d'ingresso per un concerto oppure di offrirle una cena. Tante idee, ma ancora non ero convinta.
Un pomeriggio, mentre io e la mia amica passeggiavamo per le strade del centro e guardavamo le vetrine piene di cose belle da comprare, lei si è fermata davanti a un negozio di animali e poi è entrata: solo in quel momento mi ha detto che desiderava da tanto tempo un gattino. Ecco il regalo perfetto, ho pensato, un piccolo gatto! Quando gliel'ho dato, la mia amica è rimasta senza parole e io pure.

2° testo

Ascolterete ora una ragazza che fa ginnastica artistica.
Ascoltate attentamente e svolgete l'attività indicata nel foglio.
Ascolterete il testo due volte.

Mi chiamo Carlotta e ho 21 anni. Faccio parte della squadra di ginnastica artistica italiana e ho vinto varie gare nazionali e internazionali. La mia vita? Faccio la stessa vita di tutti i giovani della mia età, l'unica differenza è che ogni giorno, per ore e ore, mi devo preparare per le gare sportive. Non seguo nessuna dieta particolare, perché so cosa devo mangiare e so cosa fa bene al mio fisico. Di solito la mattina, a colazione, prendo uno yogurt con dentro dei pezzetti di frutta o bevo il latte; per pranzo mia madre mi prepara soltanto un piatto di pasta con un po' di pomodoro e la sera, invece, carne o pesce con delle verdure. Poi, durante la giornata faccio qualche spuntino con la frutta o dei biscotti. L'unico mio problema è che mi piace tanto la cioccolata! Siccome prima di una gara non ho mai fame, porto sempre con me della cioccolata, perché mi dà forza ed energia.
Come tutti gli sportivi, anch'io ho un portafortuna che mi ha regalato mia sorella: è un braccialetto che porto sempre, anche durante le gare. In questo periodo, purtroppo, mentre facevo gli esercizi in palestra, sono caduta e mi sono fatta male a una gamba, quindi devo restare a casa e riposare. In questi momenti di tranquillità cerco di fare quello che mi interessa. Per esempio, mi piace scrivere: ho già pubblicato tre libri sulla mia vita sportiva e ne sto scrivendo un altro. Inoltre sono molto attiva sul web: sul mio account Instagram ho già 700.000 follower. Qui pubblico delle foto, parlo dei miei amici, della mia vita, della mia famiglia e soprattutto di moda, che è la mia passione. Quando smetterò di fare ginnastica artistica, mi dedicherò sicuramente alla moda e aprirò un negozio di abbigliamento tutto mio!

Fine della prova

QUARTO ESAME

PROVA SCRITTA

Parte **A**   Parte **B**   Parte **C**

⚠️
- **Prima di cominciare la prova**, ti consigliamo di leggere le **Informazioni utili per il candidato** a p. 15 e la **Guida per lo svolgimento delle prove d'esame** alle pp. 17-36.
- Quando svolgi la Prova scritta, usa i **Fogli delle Risposte** per trascrivere le tue risposte a pp. 156-159.
- Potrai ascoltare i testi che compongono la **Prova di Comprensione dell'Ascolto, Parte C** (C.1, C.2, C.3 primo e secondo testo) del quarto esame dall'inizio alla fine senza interruzioni per effettuare una simulazione dell'esame (traccia 19), oppure li potrai ascoltare singolarmente (tracce da 20 a 23).
- Troverai le **Chiavi di risposta** e le **Trascrizioni dei testi** della Prova di Comprensione dell'Ascolto del quarto esame alle pp. 162-164.
- Una volta terminata la Prova Scritta, svolgi la Prova di Produzione Orale del quarto esame alle pp. 152-153.

1° FASCICOLO

CERTIFICATO DI CONOSCENZA DELLA LINGUA ITALIANA

LIVELLO B1 CELI 2

QUARTO ESAME

PARTE A
PROVA DI COMPRENSIONE DELLA LETTURA
(punteggio della prova: 40 punti)

PARTE B
PROVA DI PRODUZIONE DI TESTI SCRITTI
(punteggio della prova: 40 punti)

TEMPO: 2 ore

ATTENZIONE!
Inserire tutte le risposte negli appositi Fogli delle Risposte
Scrivere in modo chiaro e leggibile
Annerire le caselle secondo le istruzioni
Utilizzare esclusivamente la penna

PARTE A — PROVA DI COMPRENSIONE DELLA LETTURA

A.1 Leggere i testi da 1 a 7 e scegliere la risposta giusta fra A, B o C.
Indicare nel **Foglio delle Risposte**, vicino al numero del testo, la lettera corrispondente alla risposta scelta.

Esempio

0 È una bella giornata e hai deciso di organizzare un picnic a sorpresa per i tuoi amici? Hai poco tempo per prepararlo e in casa non hai niente? Allora, consulta il sito CUCINA VELOCE e scegli quali ricette vuoi cucinare! Poi, prendi carta e penna: scrivi la lista di ciò che ti occorre, così eviti di perdere tempo a girare per ore fra i vari reparti del supermercato e di dimenticare i cibi necessari! Sarà sicuramente un successo!

Il testo

- [A] dà un'informazione sui cibi che puoi acquistare al supermercato
- [B] dà dei consigli utili che puoi seguire prima di iniziare a cucinare
- [C] dà delle istruzioni su come puoi preparare velocemente le ricette

Risposta: **A.1** 0 [A] [B] [C]

---

1 Dal profilo FACEBOOK di Gioia

> **facebook**
>
> Siamo una piccola famiglia: io, mio marito e un figlio che festeggerà i tre anni il prossimo mese. Abbiamo in programma di fare un viaggio di 6/7 ore e, siccome non ci piace guidare e ogni volta è una discussione su chi deve condurre la macchina, abbiamo deciso di prendere l'autobus *FLIS*, perché treno e aereo sono meno pratici con un bambino piccolo. Però non so come potrà viaggiare mio figlio, visto che negli autobus non ci sono seggiolini per bambini. Qualcuno può darmi qualche informazione?
>
> *Sono Mario, un autista degli autobus FLIS, e posso dirti che sotto i tre anni il seggiolino è obbligatorio e lo devi portare da casa. Sopra i tre anni, invece, non ti serve più, perché il bambino può stare seduto come gli adulti.*

Su Facebook,

- [A] Gioia spiega perché l'auto è scomoda per viaggiare con il figlio
- [B] la famiglia riceve un consiglio sul mezzo migliore per viaggiare
- [C] Mario elenca le regole da seguire per far viaggiare il bambino

2 Il signor Gianni, mentre stava salendo su una scala per cogliere le ciliegie mature sull'albero, è caduto per terra. L'uomo, purtroppo, ha cercato di rimettersi in piedi, ma non ci è riuscito a causa di un forte dolore alla gamba. In casa non c'era nessuno, tranne il suo cane Billi. L'animale, dopo aver sentito il padrone che gridava: 'aiuto', ha cominciato ad abbaiare così forte che Marco, il vicino di casa, è corso a vedere cosa era successo. Marco, quando ha visto che Gianni stava male, l'ha portato subito in ospedale. Bravo Billi!

Questa notizia

A precisa quando Gianni ha raccolto le ciliegie

B spiega perché Billi è corso dal vicino di casa

C fa capire come Marco ha potuto aiutare Gianni

3 LETTERA AL DIRETTORE DELLE POSTE ITALIANE

Gentile Direttore,
sono uno straniero che vive in Italia già da tempo. La mia famiglia mi ha spedito un pacco con dei cibi tipici del mio Paese. Quando l'ho ricevuto era aperto e mancavano alcune cose. Un impiegato delle Poste mi ha fatto compilare un modulo dove ho descritto quello che mancava e il valore di quei cibi. Alla consegna del modulo, l'impiegato mi ha detto: «Le daremo i soldi fra 30 giorni!» Sono già passati due mesi e, oltre ad aver perso molti cibi buoni, non ho ancora ricevuto nemmeno i soldi. Sono molto deluso!

Dennis Smith

Dennis Smith scrive al Direttore delle Poste Italiane per

A chiedergli delle informazioni su come può ritrovare il pacco

B esprimergli il suo dispiacere per la perdita del pacco spedito

C spiegargli cosa è successo dopo che ha ritirato il suo pacco

4 TERNI. Ieri mattina, gli agenti di polizia hanno fermato lungo via Breda un anziano di 87 anni che era alla guida della sua auto Panda. L'uomo, siccome non aveva la patente 'B' perché non ha mai dato gli esami di guida, ha mostrato quella 'A' che gli serviva per la conduzione della sua moto: purtroppo però non era più valida da ben 25 anni! L'anziano si è giustificato e si è scusato, mentre alla polizia non è restato che fargli una multa di oltre 5.000 euro e vietargli di continuare a guidare un'auto.

Questa notizia fa sapere

A quali decisioni ha dovuto accettare l'ottantasettenne

B perché l'uomo guidava l'auto senza patente da 25 anni

C quando l'anziano avrà la possibilità di girare con la sua moto

5 FORUM: CHE LAVORO FAI?

Che bello, sono riuscita a trasformare la mia passione per i videogiochi in un lavoro! Io sono Sonia e mi ritengo molto fortunata perché, dopo il liceo artistico, ho frequentato un corso di Grafica e Design e, una volta terminati gli studi, un amico mi ha proposto di collaborare con lui proprio nel suo studio grafico di Milano. Ora creo i personaggi dei videogiochi insieme ad altre persone che condividono la mia stessa passione. È un lavoro straordinario, creativo, divertente ed io ho scoperto di essere abbastanza brava, visti i successi che ho ottenuto.

Sonia si sente

- [A] fortunata perché ha frequentato il liceo artistico e un corso a Milano
- [B] felice perché il suo amico ha ricevuto una grande offerta di lavoro
- [C] soddisfatta perché ha capito di avere delle capacità

6 NOVITÀ PER IL VOSTRO SPUNTINO

Volete fare un gustoso spuntino durante la breve pausa di lavoro o di studio? Allora dovete sapere che nei distributori automatici degli uffici e delle scuole non ci saranno più merendine al cioccolato e bibite zuccherate ma, al loro posto, troverete yogurt, macedonie e insalate: tutti cibi freschi che dei cuochi preparano in giornata e che hanno una scadenza breve. Dei medici italiani affermano: «*Non sappiamo se questo cambiamento funzionerà, forse non avrà un risultato positivo, ma è necessario per combattere l'obesità dei più giovani e dei meno giovani*».

Dei medici italiani

- [A] consigliano di fare una pausa durante lo studio o il lavoro
- [B] esprimono un loro dubbio sul successo dell'iniziativa
- [C] precisano l'importanza della scadenza dei cibi

7 NOTIZIE DAL WEB

Perché addormentarsi per molti diventa sempre più difficile? Secondo alcuni ricercatori, il metodo tradizionale di contare le pecore non funziona più, perché è un'attività noiosa e ormai lontana dal nostro modo di vivere. Leggere un bel libro, invece, è il modo migliore per rilassarsi e addormentarsi; in seconda posizione c'è una buona tazza di camomilla da prendere prima di andare a letto. In terza posizione, secondo i ricercatori, c'è un particolare metodo che nessuno ancora conosce: il profumo ai fiori da spruzzare in camera, perché questo aroma tranquillizza e fa addormentare con facilità.

Dei ricercatori spiegano

- [A] perché molta gente ha delle difficoltà ad addormentarsi facilmente
- [B] che le persone possono usare un nuovo metodo per addormentarsi
- [C] quando il tradizionale modo per addormentarsi ancora funziona

Parte A - Prova di Comprensione della Lettura — QUARTO ESAME

A.2 Leggere il testo. Solamente alcune affermazioni, da 8 a 17, corrispondono a informazioni presenti nel testo.
Indicare nel **Foglio delle Risposte**, vicino al numero dell'affermazione,

Sì se è presente,
No se non è presente.

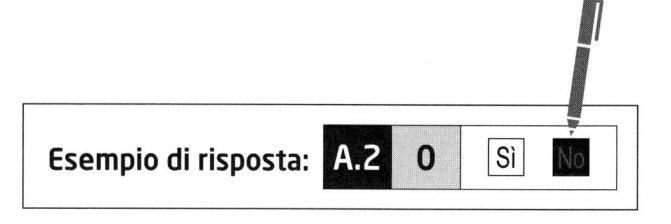

Esempio di risposta: **A.2** 0 Sì ~~No~~

LA DANZA È LA MIA VITA

Virginia, vincitrice di varie gare internazionali e di tanti bei premi, è riuscita a entrare nel corpo di ballo di uno dei teatri più prestigiosi d'Italia e presto volerà a New York, Londra, Parigi per esibirsi come prima ballerina. «Quando avevo 11 anni», racconta Virginia in un'intervista, «ho chiesto ai miei genitori il permesso di poter seguire il corso di danza moderna che frequentavano anche le mie amiche, il migliore della città dove vivevo. Quando i miei genitori mi ci hanno iscritto, mi sono sentita la ragazza più felice del mondo, perché la danza era diventata la mia passione. Nello stesso tempo però soffrivo, dato che le lezioni erano costose e sapevo che i miei genitori avevano i soldi sufficienti per pagare soltanto un'ora di lezione alla settimana. E, ogni volta che la lezione terminava, mi veniva da piangere, perché non volevo aspettare altri sette giorni per poter danzare. Quando la mia maestra di ballo ha capito che avevo del talento, mi ha suggerito di frequentare un corso di danza classica, offerto da lei. Per me, da quel momento, non è esistito nient'altro che il ballo e, quando le lezioni sono iniziate, non ho più avuto del tempo libero per stare con le amiche, andare alle feste e nemmeno per fare una vacanza. Per tutto questo devo ringraziare mio padre e mia madre che mi hanno dato una grande mano a realizzare questa mia grande passione.»

8	Virginia sta ottenendo molte soddisfazioni
9	Virginia ha fatto una richiesta importante ai genitori 11 anni fa
10	Tutte le amiche di Virginia vivevano nella sua stessa città
11	I genitori hanno accettato la richiesta di Virginia
12	I genitori avevano poche possibilità economiche
13	Virginia voleva frequentare un corso di sette giorni
14	Virginia ha seguito il consiglio della sua insegnante
15	La ragazza seguiva le lezioni di danza classica ogni giorno
16	I genitori, per stare con Virginia, non sono andati in vacanza
17	Virginia riconosce l'importanza dell'aiuto dei genitori

Parte A - Prova di Comprensione della Lettura   QUARTO ESAME

A.3 Completare le frasi da 18 a 22. Scegliere la parola giusta fra le quattro proposte A, B, C o D. Indicare nel Foglio delle Risposte, vicino al numero della frase, la lettera corrispondente alla parola scelta.

Esempio di risposta: A.3 0   A   B   **C**   D

18 Di solito non faccio colazione e (18) merenda.

- A inoltre
- B infine
- C neanche
- D anche

19 Mi dispiace, (19) stasera non posso venire all'appuntamento.

- A ma
- B quando
- C quindi
- D allora

20 Fabiano è simpatico (20) il suo amico Leonardo.

- A o
- B e
- C come
- D quando

21 Lucio ha voluto prendere poche medicine, (21) sta ancora male.

- A neanche
- B come
- C quanto
- D perciò

22 Ci piace molto dipingere e cantare, ma (22) giocare al computer.

- A allora
- B anche
- C invece
- D oppure

A.4 Completare il testo da 23 a 32. Scegliere la parola giusta fra le tre proposte A, B o C. Indicare nel Foglio delle Risposte, vicino a ogni numero, la lettera corrispondente alla parola scelta.

Esempio di risposta: A.4 0 [A] [B] [C]

PULIAMO I NOSTRI PARCHI

PULIAMO I NOSTRI PARCHI è il titolo di un concorso singolare che un sindaco ha voluto organizzare per coinvolgere gli abitanti della sua città nella pulizia dei parchi. Un mese (23), l'uomo ha pubblicizzato questa sua iniziativa e ha comunicato: «Vince (24) raccoglie la maggior quantità di rifiuti!». Al concorso, che ha subito avuto (25), si sono iscritti moltissimi giovani, anche perché il premio (26) una vacanza studio di due settimane a Malta. Prima di dare il via alla gara, a ognuno di (27) il sindaco ha consegnato guanti e sacchi di plastica. Così i ragazzi, pieni di entusiasmo, hanno cominciato (28) ripulire i parchi.

(29) una settimana, una giuria ha controllato le quantità raccolte di rifiuti e, con grande soddisfazione, ha proclamato vincitore un ragazzo di 18 anni. È (30) un'esperienza veramente bella e utile. I genitori dei ragazzi erano così contenti dell'impegno dei loro (31) che hanno voluto consigliare al sindaco di (32) questo concorso ogni anno.

23	A scorso	B fa	C passato
24	A quando	B quello	C chi
25	A favore	B successo	C piacere
26	A era	B vinceva	C aveva
27	A noi	B voi	C loro
28	A di	B a	C per
29	A Prima	B Appena	C Dopo
30	A successa	B vissuta	C stata
31	A figli	B amici	C parenti
32	A ripetere	B cominciare	C vincere

Parte A - Prova di Comprensione della Lettura — QUARTO ESAME

A.5 Completare le frasi da, da 33 a 37, con i pronomi opportuni.
Indicare nel **Foglio delle Risposte**, vicino al numero della frase, il pronome scelto.

Esempio di risposta: **A.5** 0 | *esempio*

33 Chi ti ha detto quando ci sarà l'esame CELI? _(33)_ *ha detto il mio compagno Cris.*

34 In garage non c'è più la mia auto, forse _(34)_ ha presa mia sorella.

35 Martino è il mio migliore amico e _(35)_ voglio bene come ad un fratello.

36 Signora, quanti mandarini vuole? _(36)_ *prendo due chili.*

37 Avete la tessera universitaria? *Sì,* _(37)_ *abbiamo nella borsa.*

PARTE B — PROVA DI PRODUZIONE DI TESTI SCRITTI

B.1 Rispondere al questionario.
Scrivere nel **Foglio delle Risposte** vicino al numero della domanda da 1 a 9.

Esempio di risposta: **B.1** 0 | *esempio*

> Lei si trova in Italia ed è andato in un negozio di apparecchi tecnologici per acquistare un nuovo cellulare. All'uscita, un commesso Le ha consegnato il seguente questionario. Lei ha deciso di rispondere.

1. Da quanto tempo ha il cellulare che possiede in questo momento?

2. Perché Le interessa comprare un nuovo cellulare?

3. Quanto vuole spendere?

4. Quali sono le attività che Lei fa con il cellulare, oltre a telefonare?

5. Quali sono le *app* che Lei usa di più?

6. Lei, di solito, usa di più il computer o il cellulare per navigare in Internet? Perché?

7. Lei pensa di poter stare senza cellulare per una settimana? Perché?

8. A chi Le piacerebbe regalare un cellulare? Perché?

9. In quale luogo è meglio non usare il cellulare? Perché?

Parte B - Prova di Produzione di Testi Scritti   QUARTO ESAME

B.2 Rispondere a un annuncio.
Scrivere nello spazio riservato a **B.2** nel **Foglio delle Risposte**. (Usare circa 50 parole)

Lei sta navigando in Internet alla ricerca di una vacanza economica da trascorrere all'estero. Ha trovato il seguente annuncio e ha deciso di rispondere.

> **ANNUNCI PER VACANZE**
> Mi chiamo Paolo e cerco una persona disposta a scambiare la propria casa con la mia per una settimana. Il mio appartamento si trova in Italia, nel centro storico di Roma.
> Chi è interessato può scrivere a Paolo@...

Nella risposta

- si presenta brevemente
- spiega perché Le piacerebbe fare una vacanza a Roma
- dà un consiglio a Paolo su cosa potrebbe fare nella Sua città
- comunica in quale periodo vorrebbe scambiare la sua casa e lo saluta

Scrivere nel Foglio delle Risposte

B.3 Scrivere una e-mail.
Scrivere nello spazio riservato a **B.3** nel **Foglio delle Risposte**.

(Da un minimo di 90 a un massimo di 100 parole)

> Lei ha una grande passione per i videogiochi, che condivide con il Suo amico italiano Giulio. Lei, allora, decide di scrivere a Giulio per fargli sapere qual è l'ultimo gioco che ha acquistato.

Nell'e-mail

- fa sapere a Giulio quale gioco ha acquistato e dove l'ha preso
- gli spiega perché l'ha voluto comprare
- gli dà alcune informazioni sul gioco
- lo invita alla prossima gara di videogiochi che si terrà a ... e lo saluta

Scrivere nel Foglio delle Risposte

2° FASCICOLO

Università per Stranieri di Perugia

CVCL CENTRO VALUTAZIONE CERTIFICAZIONI LINGUISTICHE
Università per Stranieri di Perugia

ALTE

CERTIFICATO DI CONOSCENZA DELLA LINGUA ITALIANA

LIVELLO B1 CELI 2

QUARTO ESAME

PARTE C
PROVA DI COMPRENSIONE DELL'ASCOLTO
(punteggio della prova: 40 punti)

TEMPO: 20 minuti

ATTENZIONE!
Inserire tutte le risposte negli appositi Fogli delle Risposte
Scrivere in modo chiaro e leggibile
Annerire le caselle secondo le istruzioni
Utilizzare esclusivamente la penna

PARTE C — PROVA DI COMPRENSIONE DELL'ASCOLTO

C.1 Ascoltare i testi di vario tipo da 1 a 4 e scegliere la risposta giusta fra A, B o C. Indicare nel **Foglio delle Risposte**, vicino al numero del testo, la lettera corrispondente alla risposta scelta.
Ascolterete i testi due volte.

Esempio di risposta: **C.1** 0 [A] [B] [C]

1 L'azienda SONNI LIETI, con questo testo,

- [A] spiega la qualità dei prodotti
- [B] fa un annuncio di lavoro
- [C] pubblicizza la vendita *online*

2 Con la tessera del supermercato, puoi

- [A] fare la spesa con lo sconto del 30%
- [B] partecipare a uno spettacolo con lo sconto del 30%
- [C] ballare tutto l'anno in discoteca con lo sconto del 30%

3 Il testo sul tiramisù

- [A] spiega perché questo dolce è famoso nel mondo
- [B] dà indicazioni sulla quantità di ogni ingrediente
- [C] consiglia come migliorare il dolce

4 TUTTI è una rivista utile

- [A] ai bambini di qualsiasi età
- [B] alle famiglie con figli piccoli
- [C] ai genitori che hanno poco tempo libero

Parte C - Prova di Comprensione dell'Ascolto   QUARTO ESAME

C.2 🎧 Ascoltare dei giovani che parlano della loro esperienza all'estero nei testi da 5 a 8 e scegliere la risposta giusta fra A, B o C. Indicare nel **Foglio delle Risposte**, vicino al numero del testo, la lettera corrispondente alla risposta scelta. Ascolterete i testi due volte.

Esempio di risposta: **C.2** 0 [A] [■B] [C]

5 Gianni

   [A] ha lavorato a Sydney per un anno
   [B] ricorda cosa faceva in Australia
   [C] inviterà i suoi amici australiani

6 Cristina, in Thailandia,

   [A] ha conosciuto il suo ragazzo
   [B] ha avuto alcune difficoltà
   [C] ha lavorato con un amico

7 Franco vorrebbe

   [A] studiare il portoghese per lavorare in Brasile
   [B] essere socievole come le persone del Brasile
   [C] tornare in Brasile perché ne ha tanta nostalgia

8 Maria

   [A] è andata in Turchia dopo la sua laurea
   [B] dà un consiglio su come imparare il turco
   [C] tornerà in Turchia per vivere nella stessa città

CELI 2   **147**

Parte C - Prova di Comprensione dell'Ascolto   QUARTO ESAME

C.3 Ascoltare i due testi.

Primo testo

Ascoltare un'intervista a una pittrice italiana. Solamente alcune frasi, da 9 a 23, sono presenti nel testo. Indicare nel **Foglio delle Risposte**, vicino al numero della frase,

Sì se è presente la stessa frase ascoltata,

No se non è presente la stessa frase ascoltata.

Ascolterete il testo una sola volta.

Esempio di risposta: **C.3** 0 Sì No

9	parlaci un po' di te
10	mi piace guardare gli spettacoli televisivi
11	sono entrata in una cartoleria
12	mio figlio è bravo a dipingere
13	mi sono trasferita nel Nord Italia
14	mio figlio già viveva a Bolzano
15	la gente è molto ospitale
16	abito in una casa in mezzo al verde
17	vado in bici con mio figlio
18	leggo le notizie sul web
19	dipingo soprattutto la mattina
20	in Francia visiterò alcune mostre
21	insegno pittura in una scuola d'arte
22	i miei quadri piacciono alle persone del luogo
23	ti ringrazio e in bocca al lupo

148 CELI 2

Parte C - Prova di Comprensione dell'Ascolto   QUARTO ESAME

C.3

Secondo testo

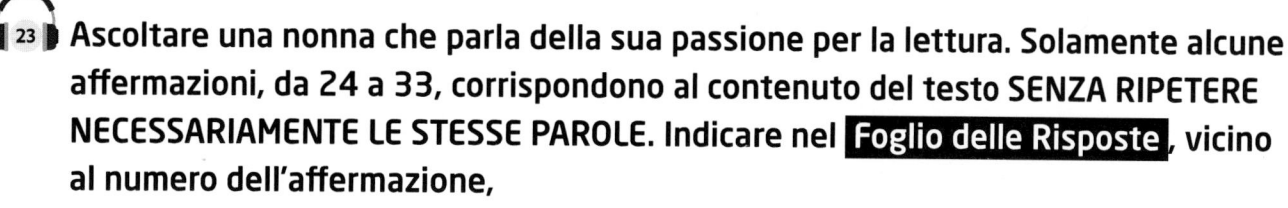

🎧 23 Ascoltare una nonna che parla della sua passione per la lettura. Solamente alcune affermazioni, da 24 a 33, corrispondono al contenuto del testo SENZA RIPETERE NECESSARIAMENTE LE STESSE PAROLE. Indicare nel **Foglio delle Risposte**, vicino al numero dell'affermazione,

Sì se è presente nel testo il contenuto dell'affermazione,

No se non è presente nel testo il contenuto dell'affermazione.

Ascolterete il testo due volte.

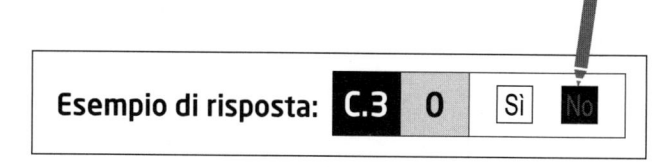

Esempio di risposta: C.3 0 Sì **No**

24	A Lina è sempre piaciuto leggere
25	Lina faceva bei regali alla sorella Giulia
26	Le due sorelle avevano interessi diversi
27	Prima di addormentarsi, Lina faceva il possibile per leggere
28	Lina andava in biblioteca con la sorella
29	A Lina piaceva acquistare dei nuovi libri
30	Lina dice quale genere di libri preferiva leggere
31	Lina lavorava insieme al marito
32	Al marito di Lina piaceva leggere come lei
33	Lina sa usare Internet

QUARTO ESAME

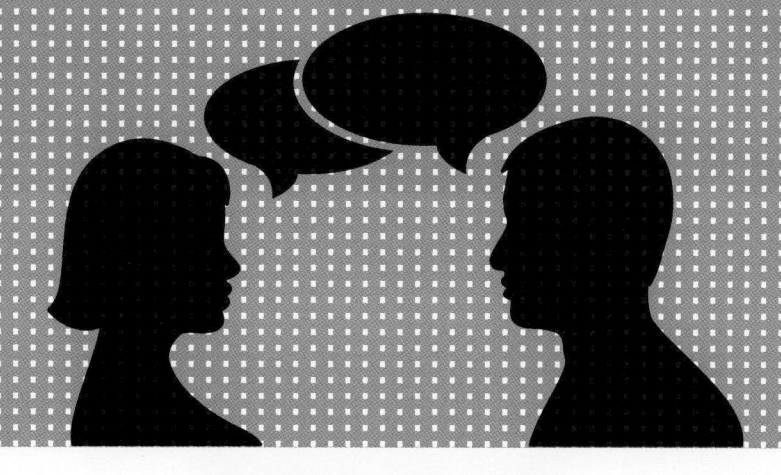

PROVA DI PRODUZIONE ORALE

Prova di Produzione Orale

QUARTO ESAME

FOTO DA DESCRIVERE

Prova di Produzione Orale — QUARTO ESAME

COMPITO COMUNICATIVO

Lei ha invitato una Sua amica italiana al bar. Mentre parlate, Lei le fa vedere una foto della Sua ultima vacanza: le spiega dove si trovava, cosa stava facendo in quel momento e chi ha scattato la foto. Inoltre, le spiega perché si è divertito tanto, cosa Le è successo di particolare e le consiglia di visitare questo luogo perché...

QUARTO ESAME

FOGLI DELLE RISPOSTE

Foglio delle Risposte - Livello B1 CELI 2

QUARTO ESAME

Università per Stranieri di Perugia

CVCL - CENTRO VALUTAZIONE CERTIFICAZIONI LINGUISTICHE
Università per Stranieri di Perugia

ALTE

Cognome

Nome

Firma del candidato (leggibile)

B1 CELI2

Istruzioni per la compilazione
Indicare una sola risposta.
Usare la penna nera o blu per annerire la casella COSÌ: ■ SÌ

Esempi di compilazione errata
NO NO NO NO

PARTE A — Prova di comprensione della lettura — RISPOSTE

A.1
1	A	B	C
2	A	B	C
3	A	B	C
4	A	B	C
5	A	B	C
6	A	B	C
7	A	B	C

A.2
8	Sì	No
9	Sì	No
10	Sì	No
11	Sì	No
12	Sì	No
13	Sì	No
14	Sì	No
15	Sì	No
16	Sì	No
17	Sì	No

A.3
18	A	B	C	D
19	A	B	C	D
20	A	B	C	D
21	A	B	C	D
22	A	B	C	D

A.4
23	A	B	C
24	A	B	C
25	A	B	C
26	A	B	C
27	A	B	C
28	A	B	C
29	A	B	C
30	A	B	C
31	A	B	C
32	A	B	C

A.5 — Non scrivere qui
33		
34		
35		
36		
37		

Foglio delle Risposte - Livello B1 CELI 2

PARTE B — Prova di produzione di testi scritti

B.1

1	
2	
3	
4	
5	
6	
7	
8	
9	

B.2

Non scrivere sotto questa linea

B.1 0 1 2 3 4 5

B.2 0 1 2 3 4 5 6 7 8 9 10 11 12 13 14 15

Fogli delle Risposte

QUARTO ESAME

Università per Stranieri di Perugia

CVCL — CENTRO VALUTAZIONE CERTIFICAZIONI LINGUISTICHE
Università per Stranieri di Perugia

ALTE

Foglio delle Risposte - Livello B1 CELI 2

Cognome

Nome

Firma del candidato (leggibile)

| PARTE B | Prova di produzione di testi scritti | RISPOSTE |

B.3

Non scrivere sotto questa linea

B.3
 0 1 2 3 4 5 6 7 8 9 10 11 12 13 14 15 16 17 18 19 20

Foglio delle Risposte - Livello B1 CELI 2

PARTE C — Prova di comprensione dell'ascolto

C.1
	A	B	C
1	A	B	C
2	A	B	C
3	A	B	C
4	A	B	C

C.2
	A	B	C
5	A	B	C
6	A	B	C
7	A	B	C
8	A	B	C

C.3 — 1° testo
	Sì	No
9	Sì	No
10	Sì	No
11	Sì	No
12	Sì	No
13	Sì	No
14	Sì	No
15	Sì	No
16	Sì	No
17	Sì	No
18	Sì	No
19	Sì	No
20	Sì	No
21	Sì	No
22	Sì	No
23	Sì	No

C.3 — 2° testo
	Sì	No
24	Sì	No
25	Sì	No
26	Sì	No
27	Sì	No
28	Sì	No
29	Sì	No
30	Sì	No
31	Sì	No
32	Sì	No
33	Sì	No

QUARTO ESAME

CHIAVI DI RISPOSTA

TRASCRIZIONI DEI TESTI DELLA PROVA DI COMPRENSIONE DELL'ASCOLTO

CHIAVI DEL QUARTO ESAME

A.1 1 : C 2 : C 3 : C 4 : A 5 : C 6 : B 7 : B
Punteggio: Punti 2 per ogni risposta corretta; Punti 0 per l'astensione o per ogni risposta errata

A.2 Sì : 8, 11, 12, 14, 17
No : 9, 10, 13, 15, 16
Punteggio: Punti 1 per ogni risposta corretta; Punti 0 per l'astensione o per ogni risposta errata

A.3 18 : C 19 : A 20 : C 21 : D 22 : B
Punteggio: come A.2

A.4 23 : B 24 : C 25 : B 26 : A 27 : C 28 : B 29 : C 30 : C 31 : A 32 : A
Punteggio: come A.2

A.5 33 : me lo/me l' 34 : la/l' 35 : gli 36 : ne 37 : ce la/ce l'
Punteggio: Punti 1 per ogni completamento corretto; Punti 0 per l'astensione o per ogni completamento errato

B.1 *Punteggio: da 0 a 5 punti*

B.2 *Punteggio: da 0 a 15 punti (assegnati secondo le relative scale di competenze)*

B.3 *Punteggio: da 0 a 20 punti (assegnati secondo le relative scale di competenze)*

C.1 1 : B 2 : B 3 : C 4 : B
Punteggio: Punti 2 per ogni risposta corretta; Punti 0 per l'astensione o per ogni risposta errata

C.2 5 : B 6 : B 7 : C 8 : B
Punteggio: come C.1

C.3 1° testo Sì : 9, 11, 13, 15, 16, 18, 21, 23
No : 10, 12, 14, 17, 19, 20, 22
2° testo Sì : 24, 26, 27, 29, 30
No : 25, 28, 31, 32, 33
Punteggio: Punti 1 per ogni risposta corretta; Punti 0 per l'astensione o per ogni risposta errata

N.B.: Per il calcolo del punteggio, vedi pagina 13.

TRASCRIZIONE DEI TESTI DELLA PROVA DI COMPRENSIONE DELL'ASCOLTO

Università per Stranieri di Perugia
Esame CELI 2 – Certificato di conoscenza della lingua italiana
Livello B1
QUARTO ESAME
Prova di Comprensione dell'Ascolto

Il candidato ha un minuto di tempo per guardare velocemente le attività presenti nel fascicolo.

Inizio della prova

C.1) *Ascolterete ora dei testi di vario tipo.*
Ascoltate attentamente e svolgete l'attività indicata nel foglio.
Ascolterete i testi due volte.

1. Per gli amanti del sonno è arrivato il lavoro ideale. L'azienda SONNI LIETI, specializzata in materassi, piumoni, letti e cuscini, cerca una persona che dovrà sperimentare il comfort di questi prodotti. Come? Dovrà addormentarsi sui materassi, distendersi sui letti, provare le reti e, alla fine, pubblicizzare la qualità dei prodotti su Facebook, Instagram e Twitter. Il compenso previsto è di 400 euro per un'attività di 20 ore settimanali.
2. Hai la tessera del supermercato dove, di solito, fai la spesa? Allora, devi sapere che, dalla prossima settimana, puoi andare al concerto del tuo cantante preferito o in discoteca con lo sconto del 30% se presenti la tessera del supermercato al momento dell'acquisto del biglietto d'ingresso. Se vuoi divertirti e risparmiare, ricordati che l'offerta è valida soltanto da giugno ad ottobre. Corri subito, il divertimento ti aspetta!
3. Chi non conosce il tiramisù, il dolce italiano ormai famoso in tutto il mondo? Per prepararlo occorrono pochi ingredienti come biscotti, uova, caffè e mascarpone. Ci vogliono circa 40 minuti per realizzarlo e le istruzioni da seguire sono molto facili. Inoltre, prima di servirlo per farlo assaggiare agli ospiti è preferibile aggiungerci sopra dei pezzetti di cioccolato oppure un po' di cacao in polvere per renderlo più bello e più buono.
4. A partire da febbraio arriva in edicola TUTTI, la rivista mensile utile sia ai bambini dai 4 ai 6 anni che ai loro genitori. I piccoli potranno entrare nel mondo della lettura e divertirsi perché ci sono tante favole accompagnate da coloratissime illustrazioni e giochi da fare insieme a mamma e papà. I genitori, invece, troveranno idee e consigli per imparare a passare il tempo in modo intelligente e divertente insieme ai loro figli.

C.2) *Ascolterete ora dei giovani che parlano della loro esperienza all'estero.*
Ascoltate attentamente e svolgete l'attività indicata nel foglio.
Ascolterete i testi due volte.

5. Mi chiamo Gianni, ho lavorato per vario tempo a Sydney, in Australia, presso l'Ambasciata italiana, e sono ritornato in Italia un anno fa. Il mio lavoro era interessante, avevo una bella casa e dei colleghi simpatici. Uscivo con loro quasi tutte le sere e, nei fine settimana, andavo al mare o facevo delle gite. Quando il tempo era brutto restavo a casa per vedere qualche film o leggere un bel libro... insomma, ci stavo proprio bene! E, visto che i miei amici australiani mi invitano sempre, forse un giorno ci tornerò!
6. Sono Cristina, sono partita per la Thailandia per stare con il mio ragazzo che è thailandese. All'inizio non capivo la lingua, non mi piaceva il cibo e avevo tanta nostalgia della mia famiglia. Ho vissuto un periodo veramente difficile e sentivo il bisogno di tornare spesso in Italia. Poi, un amico del mio ragazzo mi ha consigliato di insegnare la lingua italiana in una scuola privata e, così, tutto è cambiato. Adesso sono felice e, soprattutto, sono ancora qui, in Thailandia!
7. Sono Franco, sono avvocato e vivo a Napoli. Mi sono innamorato del Brasile fin da quando sono sceso dall'aereo. Ho anche seguito delle lezioni di portoghese, visto che dovevo viverci a causa del mio lavoro. Il Brasile è un Paese diverso da regione a regione; i brasiliani sono socievoli, allegri, simpatici e poi sono bravi non solo a ballare, ma anche a cucinare. Adesso che sono ritornato in Italia, sento che mi manca qualcosa e ripartirei subito per il Brasile... anche domani!
8. Mi chiamo Maria e mi sono laureata in Turchia. Ho abitato a Istanbul, una grande città dove ci sono molte cose da vedere e da fare, ma anche con molto traffico. È stato un periodo importante della mia vita e, secondo me, chi vuole parlare la lingua turca dovrebbe vivere per qualche anno in Turchia, proprio come me. Tra un mese ci andrò di nuovo, ma non a Istanbul. Questa volta ho scelto di vivere in una città più piccola, dove la vita è più tranquilla e dove è più facile fare amicizia con la gente del luogo.

Trascrizioni dei Testi della Prova di Comprensione dell'Ascolto

QUARTO ESAME

C.3) 1° testo

Ascolterete ora un'intervista ad una pittrice italiana.
Ascoltate attentamente e svolgete l'attività indicata nel foglio.
Ascolterete il testo una sola volta.

- Buongiorno a tutti gli ascoltatori di questo programma radiofonico CAMBIO LAVORO. Oggi abbiamo con noi Sonia che ci racconterà la sua esperienza. Sonia, allora, parlaci un po' di te e dicci cosa facevi prima di diventare una pittrice.
  ▶ Siccome so cantare e ballare ho lavorato in diversi spettacoli teatrali per molti anni e ho anche partecipato a dei programmi televisivi. Questo lavoro mi piaceva e ne ero soddisfatta. Poi, circa 7 anni fa, tutto è cambiato: un giorno, per caso, sono entrata in una cartoleria ed ho comprato tele, pennelli e colori di ogni tipo. Quando poi sono tornata a casa mi sono messa a dipingere.
- Sonia, come hai capito che eri brava?
  ▶ Be', quando mio figlio mi ha detto: *Mamma, i tuoi quadri sono bellissimi!* ... e anche i miei amici si sono congratulati con me.
- E poi, cosa è successo?
  ▶ Ho abbandonato il mondo della televisione e, in seguito, mi sono trasferita nel Nord Italia, più precisamente nella bellissima città di Bolzano, dove andavo spesso con mio figlio per passarci le vacanze invernali, perché ci piace molto la montagna e per praticare lo sci. Bolzano è una città pulita, l'aria è buona e la gente è molto ospitale.
- Vivi in città o in campagna?
  ▶ Adesso abito in una casa in mezzo al verde, intorno c'è un grande giardino con alberi da frutto, tante piante e fiori colorati. La mattina mi sveglio presto, mi alzo, faccio una buona colazione insieme a mio figlio, dopo prendo la bici e pedalo per un'ora fra le campagne della zona. Quando torno a casa, prima leggo le notizie sul web, poi mi metto seduta davanti alla finestra, prendo pennelli e colori e comincio a dipingere. Fino ad oggi, con i miei quadri, ho organizzato circa 40 mostre in Italia, mentre la prossima la farò in Francia, nella città di Cannes. Poi, ogni lunedì e giovedì, insegno pittura in una scuola d'arte e sono soddisfatta, perché i miei studenti mi vogliono bene.
- Sonia, cosa ti piace dipingere?
  ▶ Nei miei quadri non ci sono soltanto le persone del luogo, ma anche le montagne e i piccoli laghi tipici di questo territorio. Insomma cerco di riprodurre tutto ciò che mi dà delle forti sensazioni.
- Sonia, adesso ti ringrazio e in bocca al lupo per il tuo nuovo lavoro!
  ▶ Grazie anche a voi!

2° testo

Ascolterete ora una nonna che parla della sua passione per la lettura.
Ascoltate attentamente e svolgete l'attività indicata nel foglio.
Ascolterete il testo due volte.

Mi chiamo Lina e sono una nonna di 80 anni. Giorni fa, mentre sfogliavo un giornale, ho letto un articolo sull'importanza dei libri e della lettura che mi ha fatto tornare alla mente tanti ricordi perché, fin da bambina, sono sempre stata una grande lettrice. Quando ero piccola, per me, a differenza di mia sorella Giulia, il regalo più bello da ricevere per Natale o per il mio compleanno era un libro. Io e mia sorella non avevamo le stesse passioni: Giulia amava guardare i film, andare al cinema e collezionare bambole, invece io preferivo leggere in ogni momento libero della giornata. La sera, siccome dormivo in camera con lei, per non disturbarla, mi mettevo sotto le coperte, accendevo una pila per far luce e leggevo fino a quando non mi addormentavo. Ricordo che, a quel tempo, frequentavo tre biblioteche: quella di San Gioacchino, quella comunale di Porta Venezia e la Dante Alighieri. Ma non mi bastava, appena avevo qualche soldino, correvo alla libreria che si trovava in via Como per comprare le ultime novità librarie... mi piacevano soprattutto i romanzi d'avventura e le storie che raccontavano la vita di persone famose.
Negli anni seguenti, mi sono sposata con un ragazzo della mia età che lavorava in biblioteca, ho avuto due figli, sono stata commessa in un negozio di abbigliamento per molti anni, mi sono occupata della famiglia e, naturalmente, ho sempre continuato a leggere.
Ho fatto di tutto per trasmettere il desiderio di leggere un bel libro ai miei figli e, adesso che sono nonna, lo sto facendo anche con i miei nipoti, anche se loro preferiscono passare il loro tempo in Internet.
Ringrazio tutte le persone che hanno voluto ascoltare questo mio racconto e spero tanto che in futuro sempre più giovani si innamoreranno della lettura.

Fine della prova